JN073142

成功に価値は無い!

What's Bushido?

執行草舟 Sosyu Shigyo

ビジネス社

はじめに

世間ではいま、「自己啓発本」が流行しています。「成功するには」「幸せになるには」「自己実現するには」。そんな文字が躍っています。

こうした本が増えれば増えるほど、人々の中に「成功しなければ意味がない」「幸せにならなければいけない」という観念がこびりつき、離れなくなってしまっている。そう感じます。

そもそも、なぜそんなに成功が重要でしょうか。幸せでなければ人生は失敗なのでしょうか。この本で私が問いたいのは、そのことなのです。

現代の文明は、われわれの生活を便利にしました。所有物が増え、お金が増え、物質的に豊かになりました。人はこれを「幸せ」と呼んでいます。

しかし、その一方で、とんでもない問題が生まれています。大量消費、大量廃棄、環境破壊、原発事故。これらはすべて、人間の「もっと幸せになりたい」という欲望から生まれたものです。

成功も幸せも、際限というものがありません。求めれば求めるほど、もっと欲しくなる。きりがないのです。

どんなにお金を持っていても、どんなに物があっても、どんなに人がうらやむほど幸せであっても、人は決して満足感を感じません。欲しがれば欲しがるほど、まだ足りない、まだ足りないと思う「欲望の堂々めぐり」が起こっているからです。

私はこれを「無間(むげん)地獄」と呼んでいます。決して幸せなんかではない。むしろ地球を破壊し、魂を破壊し、人類を危険にさらしています。

いったい、日本人の何人が「自分はすべてにおいて幸せだ」と思っているでしょうか。これほど物質的に恵まれているのに、多くの人が「悩んでいる」「不安だ」「生きるのが苦しい」と言っている。

この矛盾に気づかないまま、「成功するには」「幸せになるには」「自己実現するには」と唱え続けているほうが、よほど、どうかしています。

私は、成功したいなんて少しも思っていません。幸せになりたいとも思っていない。しかし、世間から見れば、いわゆる「成功者?」といわれる部類に入っています。三〇代に始めた事業はいまだ順調で右肩上がりだし、美術館も運営している。そして著述家として本を何冊も出し、ほとんどの本が売れ続けています。

どうして成功したいと思ったこともない私が、こんなことになっているのか。

その理由があるとすれば、思い当たることは一つしかありません。小学生の頃に出会った武士道の書『葉隠』です。

『葉隠』は、江戸時代の中期、九州の佐賀鍋島藩士だった山本常朝という人物が、武士としての心得、つまり戦国の「武士道」についてまとめた書物です。私は小学一年生のとき、自宅の書棚でこの本を見つけました。初めて『葉隠』を読んだときの衝撃を、いまも鮮明に思い出せます。日本人としての生き方の根本、真髄を、そこに感じたのです。

「この生き方で一生を送ろう」。そう心に決めて以来、私は道に迷ったことがありません。他人にわずらわされたこともない。ましてや、人の目を気にして卑屈に生きるなんてことは、ただの一回も経験したことがありません。

人はなぜ迷うのか。卑屈に生きてしまうのか。それは、本来の生き方を見失っているからです。大量の物や金銭にまみれ、日本人として大切な「魂」や「心」を失ってしまったからです。

それを思い出させてくれるのが武士道、それも『葉隠』なのです。われわれ日本人の魂には、武士道の遺伝子が組み込まれています。もともと、人間としての逞しく美しい生き方をベースに持っているのです。それを目覚めさせれば、卑屈に生きる必要などない。胸を張って、自分の道を貫くことができます。

「武士道といふは、死ぬ事と見附けたり」

私が『葉隠』の中から選び抜いた一〇の言葉「葉隠十戒」の一つです。「葉隠十戒」については、この本の8章で詳しく述べています。内容をいち早く知りたい場合は、8章から読んでいくとよいでしょう。

ともかく、この「葉隠十戒」の生き方が、皆さんの感じているあらゆる悩み、不安、苦しさ、不満を、いとも鮮やかに切りさばいてくれます。

この本を読んで、ぜひ自分の道を取り戻してほしい。本来の魂を呼び覚ましてほしい。「欲望の堂々めぐり」を脱し、堂々とした生き方を手に入れてほしい。そう思っています。

人生を叩き直す「喝！」の書として、読み進めてください。

令和三年五月

執行草舟

成功に価値は無い！　目次

1章　人間関係でなぜ悩まされるのか

2章 自分探しは地獄への途

3章 幸せを求めると不幸になる

4章 人生で絶対に守るべきもの、愛すべきもの

5章 優しさを振りかざす人は優しくない

6章 戦いに勝つ考え方

7章 どのようにして自分を高められるか

8章 「葉隠十戒」解説

1章 人間関係でなぜ悩まされるのか

Q1 人間関係の改善に武士道は役立つのでしょうか？

ひと言で「武士道」と言いますが、世間で語られている武士道には、さまざまなものがあります。その多くは、倫理観や道徳を語ったものですが、私がずっと信じ続け、愛しているのは、『葉隠』という武士道の書物です。

『葉隠』で語られていることを簡単に言えば、体当たりの精神です。この世を生き抜く者としての「生命の燃焼」を教えてくれているのが『葉隠』の真髄です。

さらに分かりやすく説明すると、ボロボロになるまで体当たりを繰り返して、燃え尽きて死ぬ。そういった価値観が『葉隠』で言われていることです。良い子になるための「道徳」とは別物だということを、分かってもらいたい。

よく「武士道を学ぶと、どんなメリットがありますか？」「何に役立ちますか？」と問われることがあります。しかし、この問いには答えようがありません。なぜなら、武士道にメリット・デメリットなど、まったく関係ないからです。

人間関係の改善に役立つかどうかも、関係ありません。**生まれたら、命が尽きるその日まで、ものごとに体当たりし、実践し続ける。これが武士道です。損も得もなければ、良いも悪いもありません。**

そうした生き方ができれば、犬死にでもいいのです。武士道がめざすものは、成果でも成功でもないからです。めざすはただ一つ、「生命の燃焼」です。

武士道を学び始めると、人を元気づけるのにどう使おうかとか、ビジネスにどう結びつけようかとか、いろいろ考えると思います。気持ちは分かります。しかし、『葉隠』に関して言えば、そうしたこととは一切関係ないことが書かれています。

要は、この世に生まれてきた運命に向かって、とにかく体当たりして完全燃焼する。それが人間として生きる最大の価値だということです。ここをしっかりと理解してほしいと思います。

『葉隠』を書いたのは、江戸時代の佐賀鍋島藩士、山本常朝です。この人はたまたま武士の家に生まれたから、武士が生きる道を『葉隠』に残しました。しかし、もしも農民として生まれていたら、農民が生きる道を『葉隠』に示したでしょう。商人に生まれたら、商人道を記した書物としての『葉隠』をつくったことでしょう。

何が言いたいかというと、武士だけの生き方論が「武士道」ではなく、日本人としての本当の生き方を示しているのが「武士道」だということです。

『葉隠』では、自分の生命が求めるものに体当たりを繰り返し、何の功名を求めることもなく死んでいくことが「本当の人生」だと説いています。

こうした生き方は、武士だけが実践するものではないと思います。農民であれ、商人であれ、総理大臣であれ、サラリーマンであれ、やろうと思ったら誰でもできるのが「武士道の生き方」です。

人間としての生き方、あり方が「武士道」です。人との関係を改善するためにあるのが「武士道」ではありません。

Q2 体当たりしろと言いますが、当たって砕けたらどうするのでしょう。それこそ無意味だし、恥ずかしいことではないでしょうか。

私の経験では、当たって砕けた人のほうが、結局はうまくいきます。それが分かれば、体当たりすることなんて、どうってことはありません。体当たりすればするほど、自分が成長するのですから、ちっとも無意味でもありません。

ただし、体当たりは、命がけでしなければ意味がありません。それ以外は嘘です。

武士の世界では、武士らしく命がけで突進したことを評価します。たとえ敵将の首を取れず、犬死にしたとしても、それを恥とはみなしません。

恥ではないので、家門は守られます。犬死にしたあともなお、自分の子どもが家を継ぎ、家を存続させることができます。つまり「名を残す」ことになるのです。

武士道で言う犬死には、まさに「当たって砕けろ」なのです。逆に、命を惜しむあまりに、当たって砕けることができないと、「あいつは臆病だ」と後ろ指を指され、「お家」が取り潰されます。

江戸時代、武士は刀を抜かずに死んだだけで、「お家」が取り潰されていました。抜かずに死ぬということは、戦わずして死ぬ、つまり、武士にあるまじきひ弱で卑怯な人間とみなされました。

時代劇の『鬼平犯科帳』では、刀を抜かないまま斬られた武士に対し、主人公の鬼平がそっと手を差し伸べ、刀を抜いたことにする、というシーンが出てきます。それは、「お家お取り潰し」を防ぐための、鬼平なりの〝武士の情け〟なのです。

刀を抜かずに斬られる、背中を斬られるということは、武士にとって、取り返しのつかない失敗です。名を残し、家を残すこともできません。「命を惜しむな、名を惜しめ」という武士道の言葉は、そうしたことを表しているのです。

いざ戦場に出て、**生きるか死ぬかの場面に直面したら、当たって砕けることを選ぶ。これは命を投げ捨てるのではなく、次につながる命を摑むということ。**死ぬのではなく、名を残し、生きるということなのです。

体当たりしてダメだったら、それは仕方ありません。しかし、その経験は必ず次に役立ちます。当たって砕けて会得したものだからこそ、自分の人生に活かすことができるのです。

Q3 上司のパワハラに悩まされています。やりたくない仕事を押しつけられて、ミスをすると怒られる。こんな上司と関わらなければダメなのでしょうか。

パワハラ上司のいる会社で働いていること。これを「運命」と考えたとき、いままでとは違った見方が生まれると思います。

人生とは、運命に立ち向かい、体当たりでぶつかることです。昔の武士は、どんなにひどい殿様だろうが、生涯をかけて仕えるのが自分の「運命」だと捉えていました。だから、主君から逃れるのではなく、むしろ自分の役目を命がけでまっとうし、家を盛り立てようとしました。

これが「運命」への体当たりです。ところが、現代人の多くは体当たりをしていない。なぜか。その理由は、自分の心の中に多くを占めている損得の感情、つまり「欲」が絡んでいるからです。

人間関係で悩む人のほとんどは、「人に認められたい」「ほめられたい」という欲を多く抱えています。だから、その欲が満たされないと、途端に「上司にないがしろにされた」「パワハラだ」となる。要は、自分の中に「ほめられてトクしたい」という卑しい心があるから、それが果たされないと不満を持つのです。

そもそも、この会社でがんばろうと決めたのは、自分です。その結果、理不尽な目に遭っているなら、その会社を選んだ自分の判断が間違っていたということです。

似たような例が、結婚です。結婚してしばらく経って、相手の欠点が見つかったとき、離婚するでしょうか。もし離婚したら、それは単なる自分のわがままです。「この人と生涯をともにしよう」と決意していっしょになったのですから、それをご破算にするのは、自分の責任以外の何ものでもありません。

パワハラ上司がどうしてもイヤなら、会社を辞めてもいいと思います。私には、大企業を辞めた経験があります。自分は大企業で働ける人間ではないと分かったからです。しかし、父からは「会社を辞めるなんて、お前は男じゃない！」と怒鳴られ、家を追い出されました。体当たりし、見事に砕け散り、その責任をとった例だと思います。

私は、このことについて父を一度も恨んだことはありません。会社を辞めたのは、すべて私のわがままであり、判断の稚拙さから生じたことだからです。要は、自分が能なしだったのです。会社を選べるような人間ではなかったということです。すべては自分の責任です。

会社を辞めるのは、一向にかまわないと思います。でも、それは自分のわがままから出たことだということを、分かっていないといけません。会社が悪い、上司が悪いといって他人の責任にするのは、武士道ではありません。

上司がどうあれ、会社がどうあれ、すべては自分の責任だと考える。そうすることで、さらに鍛錬を積み重ね、一人の人間として成長することにつながります。上司や会社に恨みを残すこともないでしょう。

Q4

同僚に優しくしたら、「これをやって」「あれをやって」と、次々と甘えられるようになりました。自己犠牲の精神で受け入れたほうがよいのでしょうか。

結論から言うと、相手の過剰な甘えを受け入れるのは、自己犠牲でも何でもありません。無礼な相手には、毅然として接するのが武士道の教えです。

なぜ甘えを許すのか。それは、自分の中に、「いい人になってトクをしたい」という気持ちがあるからではないでしょうか。その人のわがままを受け入れたほうが、結局は自分にメリットがあるので、そうしているように思えてなりません。

相手の優しさにつけ込み、次々と要求する人を、「むさぼる人」と言います。まずは、相手が「むさぼる人」なのかどうか、見極める必要があります。「むさぼる人」は、一方的にもらうだけもらって、恩を一切返しません。そんな人に、自己犠牲の精神を発揮する必要なんてありません。

自分がいま付き合っている人が、「むさぼる人」なのかどうか。付き合っていい相手かどうか。それを選ぶことが、人生の基本中の基本です。私は小さいころから、親に「友達は選びなさい」と言われてきました。それと同じです。

最近は「付き合う人を選べ」と言うと、すぐに「差別だ」と非難されます。しかし、差別うんぬんではなく、相手を選ぶという話です。まったく次元が違うのに、どうかしていると思います。

もしも「むさぼる人」と付き合ってしまったら、すぐにでも関係を切ったほうがいいでしょう。それでも付き合いを続けて、むさぼられるがままでいるなら、それは自分の中に

欲得があるからです。それもまた自己責任です。

関係を切れとアドバイスすると、「執行さんの言うことは分かるが、そんなことをしたら、誰も自分についてきてくれなくなる」と言う人がいます。もしそうなら、私のアドバイスが間違っているのではなく、その人の生き方の問題だと思います。

自分の生き方が、まわりから見ても体当たりの人生であれば、多少厳しいことを言っても、みんなちゃんとついてきてくれます。普段からそういう生き方をすることが大事です。

ちなみに、ちょっとだけ人に甘えるのと、むさぼるのとは違います。誰かに甘えても、その恩を少しずつでも返していれば、むさぼりではありません。

「自分は相手からむさぼっているのではないか」と心配しているような人は、むさぼってはいません。「むさぼる人」というのは、自分がそういう人間だということに、ぜんぜん気づいていないものです。

約束を守らない人が、「自分は約束を守っている」と思っているのと同じです。「守る」という概念がないから、守っていないことに気づけないのです。

そんな人のそばにいるのは、本当に大変です。だから、ガツンと言って関係を切る必要があるのです。

Q5 自分の信念を貫いたら、まわりに嫌われるのではないかと、悩んでいます。

「悩みは悪いことだ」と思っているかもしれませんが、人は悩んでいる状態が正常です。むしろ、悩みや不安がなくなったときのほうが問題です。

「悩みがない」を言い換えれば、「何でもしてもらって当たり前だ」ということです。他人が自分にこうしてくれるのが当たり前だ、という考え方です。そっちのほうが危険です。自分が何かをする人間なら悩んで当然なのです。

人生というものは、悩み続けているほうが、エネルギー的にバランスがとれています。陰と陽がせめぎ合っている状態だからです。もしバランスを崩してしまうと、ものすごい傲慢になるか、ものすごい低能になるかのどちらかです。

悩みには、「悩むべきこと」と「悩む必要のないこと」があります。「悩むべきこと」とは、精神論に関わること。魂とは何か、愛とは何か、忠義とは何か、信じるとは何か。こういったことが精神論です。

精神論については、死ぬまで徹底的に悩むべきです。誰かを愛したら、愛の苦悩が始まります。愛には終わりがないから、ずっと悩み続けるのです。それでいいのです。

国のことについて悩むのも、精神論的な悩みです。「日本はこのままでいいんだろうか」と国を憂える。明治時代の維新の志士などは、まさにそんな悩みを抱いていた人たちです。

一方で、「悩む必要のないこと」もあります。それは、不平不満に関すること。一番くだらないのは、自分の顔がいいか悪いかで悩むことです。こんなのは、悩みとも言えません。「いい顔に生まれたかった」という単なる欲望であり、卑しさです。

相手に好かれるか好かれないかで悩むのも、欲望です。本当の意味での悩みではありません。「好かれたい」という卑しさがあるから、好かれないことに不平不満を持っているのです。

信念を持てば、それに賛同しない人が出てきます。好いてくれる人もいれば、嫌う人もいる。それを悩むのであれば、信念を貫くことなんてできないでしょう。

もし好かれたければ、そのように振る舞えばいいのです。ただし、それが自分の欲望からくる卑しい行為だということだけは、忘れないでください。

昔は、人に好かれることを職業としている人間は、世間から軽蔑されていました。人気や評判を気にする芸能関係の仕事などがそうです。好かれてナンボの商売は卑しい、と見なされていたのです。

私は出会った人の九九%に嫌われ、その中の三分の一に蔑まれています。一番親しい人でさえ、私をすごく軽蔑しています。バカだと思っているのです。

私は、自分の信ずるものについて、自由にしゃべっています。その結果、人に嫌われています。社会的に成功している人から言わせれば、「なんでわざわざ嫌われるようなことをしゃべるんだ」となる。だから「執行はバカだ」となっています。

バカにされたからといって、私はその人を憎んだりはしません。言いたいことを言えば嫌われることなんて、分かりきっているからです。

バカにされようが、嫌われようが、信念を語る生き方をする。それを武士道は教えてくれます。

Q6 人付き合いが苦手です。自分に自信があれば、人付き合いがうまくなると思うのですが、どうすれば自信を持てるようになるでしょうか?

自信を持てば、人間関係が良くなる、ということはありません。かえって、自信を持ちたいと思うから、胸を張る生き方ができないのです。

私はよく「執行さんは、本をたくさん読んで、さまざまな経験をしてきて、事業を成功させているから、自信を持ってこうだと言えるんですよね」と言われます。「経済的に豊かだから、好きなことを言えるんだ」とも言われます。

はっきり言います。私はなんの実績もない学生の頃から、いまと同じことを言っています。一日一〇〇円も使えないような極貧の時代にも、現在と変わらず信念を貫く生き方をしていました。

私が自分の会社を創業したのは、三三歳のときでした。まったくの無一文でした。赤ん坊が生まれてすぐ、妻が亡くなったので、赤ん坊の娘を背負いながら、たった一人で事業を始めたのです。

あの頃は本当にお金がなかった。事業がうまくいかなければ、娘と心中するしかありませんでした。しかし、このままだと日本民族がダメになるという思いで、命の完全燃焼を助ける菌酵素食品の会社を立ち上げました。

マンションの一部屋から事業を始めた頃から、私は来てくれるお客さんにいろいろなものを気前よく奢りました。お金がないので、かけそばや牛丼といった安いものしか奢れませんでしたが、それでもお客さんにはそうしてあげたかった。

命をかけて創業した会社に来てくれたのだから、それくらいするのは当たり前だと思っていました。

私が言いたいのは、お金があるから、本を読んでいるからできるんだ、という話ではないということです。人を助ける人は、お金があるかないかにかかわらず助けます。自分が食い物に困ってでも相手を助ける。これが本当です。「お金持ちになったら人を助ける」なんて言う人がいますが、それは嘘です。

金持ちだから、成功したから、健康だから、自信があるから。これらは自分の生き方と何の関係もありません。本人が決意した生き方が、その人の生き方です。生き方を貫くために、お金や自信を持ちたいと思っているうちは、自分らしく生きることなどできません。

もしも「私にはこれがないからできない」「あれがないから無理だ」と思っているなら、自分はそういう人間だということです。昔の人はそれを「弱虫」「意気地無し」「腑抜け」と言いました。

いまは面と向かって「あなたは腑抜けだ」と言ってくれる人はいません。だから気づけない。しかし、言われるとハッとする。「ああ、俺は意気地がないんだな。もっと勇気のある人間にならなきゃ」と思って努力するし、立ち上がろうとする。それが重要なのです。

自信がある、ないは関係ありません。人生経験や年齢も関係ない。小学生なら小学生なりに力一杯やればいいのです。私は会社を創業した三三歳のときも、体が衰えてきた七〇歳のいまも、力一杯やっている点では同じです。

自信があってもなくても、力一杯、体当たりで生きるのです。

Q7 上司、部下、同僚との間で、いつも板挟みになっています。四方まるく収まるような方法はないでしょうか？

私が信奉している『葉隠』の武士道では、魂を最も大切にしています。魂以外のところに目を向けると、『葉隠』は理解できなくなります。

魂以外のところとは、処世術、処世訓のことです。つまり、人間関係の技術です。私は、**人間関係を技術で解決しようとする心がけ自体が、間違っている**と思います。

私は、商売なんて何一つ知らない状態で事業を始めています。経営学の本も読んだことがない。宇宙、生命、文明、人類の根源的な問題にしか興味がないので、その方面の本しか読みません。だから、商売や経営のことはほとんど分かりません。

社員に対してもそうです。人材の登用法や活かし方なんて、考えたことがない。ただストレートに接しているだけです。こちらも言いたいことを言うし、社員も言う。それで私を嫌いになった社員もいるでしょう。でも、好きになってくれた社員もいます。

私は、「人間関係は、真心以外通らない」と思っています。真心からぶち当たっていくしかない。人間関係は体当たりなのです。

最近は、人を活かすためのコーチングやマネジメントを学ぶ人が増えています。そうしたスキルを学ぶのはいいと思います。しかし、スキルを小手先で使って成功した人を、私は見たことがありません。

真心でぶち当たれば相手から好かれる、ということでもありません。私は真心でぶち当たって、出会った人の九九％に嫌われています。しかし、一％の人には好かれている。それで十分なのです。

全員に好かれようなんて、思うほうが傲慢です。相手は自分とまったく違う環境で生きてきたのだから、自分のことを本当に好いてくれるほうが不思議です。好かれれば、それこそ「有り難い」ことなのです。

親子ですら、真心を分かり合えない場合があります。私がそうでした。父と私は、お互いの人生観が大きく違いました。そのため、私は二四歳の頃に勘当されています。父は死ぬまで、私のことを許せなかったと思います。

血はつながっていても、人生観、つまり魂が違うのであれば、これはどうしようもない。どんなに愛していても、人生観が水と油であれば、一緒には歩めません。でも、それを覚悟の上で、真心でぶつかるしかありません。

真心でぶつかるとは、自分の人生観を枉げてまで、相手の思い通りにすることではありません。親孝行がよい例です。親の思い通りに生きることを親孝行だ、とする人がいますが、それは違います。私に言わせれば、「親の奴隷」になっているにすぎません。

人生観や魂が違うのに、親の思いに合わせることばかりを考えて、力一杯生きていないのなら、むしろ親に対して不孝です。せっかく授けてもらった命を、燃やし尽くすために使っていないのですから。私は父が死ぬまで、真心で接したと自分では思っています。

親でも他人でも、真心でぶつかって命を燃焼させる。これ以外にはないと思います。人間関係をテクニックで考えている以上、何もうまくはいかないでしょう。

Q8 SNSで「いいね！」が少ないと不安になります。フォロワー数も伸びていません。私は友達に人気がないのでしょうか？

現代社会は、何でも「数字」で判断しようとします。本でも何でも、販売数の多いものが良いものとなっている。売上が大きい会社ほど「良い会社だ」と言われるのもそうです。私は、こんなばかげた話はないと思っています。

友達も同様です。ＳＮＳの「いいね！」の数で友達を量ろうとするなんて、それ自体バカバカしいと思います。友情の深さとは、そういうものでしょうか？「いいね！」が多ければ、良い友達が多いと言えるのでしょうか？

私は、これこそ物質文明の生み出した負の現象だと考えています。物質がすべてという文明社会では、何でも数字で物事を見ます。だから、売上が多いのが善、「いいね！」が多いのが善となっています。それ自体が悪いと言っているのではありません。物質文明の見方からすれば、数字が大きいものが良いという考え方は、ある意味当然です。問題は、友情も愛も、物質文明のものさしで測ろうとしていることです。物も友情も愛もいっしょくたにしようとしている。そこがおかしいのです。

私が子どもだった時代、ベストセラーの本は内容が薄いと考えられていました。有識者はみんな、たくさん売れた本のことを「ああ、あれは程度が低いから」と言っていました。売れるということは、大衆が買って読んでいるということ。つまり、大衆受けする知的レベルの低いものだと捉えていたのです。

売れることと、価値があることとは、まったく別の話です。本に関していえば、少なくとも一九世紀までは、何冊売れたかなんてまったく問題にしていませんでした。問題にしていたのは「中味」であり「質」です。

同じように、**友情も愛も、数で量れるものではありません。魂の問題なのだから、「質」が問題なのです。**フォロワーが一〇〇人いようが一〇〇〇人いようが、そんなことは何の自慢にも価値にもなりません。

魂を数字で量るようになったら、人類は終わりだと思っています。いま、何でもかんでも数字で量るグローバリズムが世界を覆っています。人間の価値を体重で判断するようなものです。

数字で良し悪しを判断する価値観は、物質文明を築いた人間がつくり上げたものです。ほんの一部の人の考え方に過ぎません。そうしたものの見方に、いま世界の大多数が侵されていることを、現代人はもっと自覚しなくてはダメです。

Q9 先輩から「組織のために尽くせ」と言われますが、組織に尽くすとはどういうことでしょうか？

武士道では、「家」というものが重んじられます。一つ屋根の下に住んでいるファミリーのことではなく、「山田家」「田中家」といった、いわゆる家制度のことです。

現在の日本には、家制度がほとんど残っていません。ですから、家制度と聞いてもピンと来ない人が大勢いると思います。しかし、昔の家制度に最も近いのが、いまの会社組織だと言えば、イメージしやすいのではないでしょうか。

中でも、中小企業の組織が一番ぴったりくるでしょう。こうした組織では、社員皆で力を合わせて、先代や先々代から受け継いだ会社を守っていこう、長く存続させようという意識が強く働いています。武士の時代は、これを「お家」という単位でやっていました。

親孝行を大原則とし、そこからつながっている先祖を敬う。この先祖をさかのぼっていくとやがて「天皇」にたどり着き、やがて「神」に行き着きます。だから日本人はご先祖様としての「天皇」を尊び、「神」を尊ぶのです。

そして、先祖が代々受け継いできた「家」を確実に守り、さらに子孫まで長く後世に残るよう、伝えていく。それこそがいまを生きている自分の使命だ、と考えるのです。だから「お家」を大事に考え、それを守るために戦いました。相手を攻め滅ぼすというより、自分にとって大切な「家」のために、槍や刀をとったのです。

つまり、「武士道」は〝戦いの哲学〟ではないということです。〝守りの哲学〟なのです。武士は斬り合いのイメージが強いので、「武士道」は殺し合いの哲学だと思われがちですが、それは誤解です。

日本刀だってそうです。日本刀がなぜあのように美しいかというと、人を斬るためにあるのではないからです。日本刀は、自分を斬るためにあるのです。だからあそこまで美的に磨き上げられているのです。

人を斬るのであれば、あんなに美しく研ぎ澄ませる必要はありません。もっとザラザラした刀身のほうが、相手を斬り殺せます。

自分を斬る、つまり自分を律することの表れが、日本刀の美しさなのです。では、その考え方はどこから出てきたのかというと、「守り」、守る力なのです。

武士には当然、戦闘力があります。しかし、戦う力を養うよりもっと厳しい訓練が、自分を律する訓練、つまり自分を殺す力です。その頂点にあるのが「切腹」です。

武士は、自分を殺すために生きている。これが武士道の思想の根本にあります。それを実践した人は「武士らしい」となる。「切腹」というのは、自分を殺す最高峰ですから、それをやった人は「最高に武士らしい」となるのです。

だから、「切腹」した武士の「お家」は、取り潰されないことも多かった。腹を切ることで責任を取ったと認められますから、「家」は存続する。場合によっては、武士らしさが評価され、殿様から領地を賜って繁栄する、ということもあります。

いまは「責任を取って切腹する」なんてことはありませんが、それくらい覚悟を決めて大切なものを守るというのが、武士道の考え方です。そして、武士が守ろうとしたのは「家」です。「家」を現代の会社と置き換えるなら、そこで働く人はみんな、一家の一員。大家族の構成員です。その中で、**武士道的に生きるのであれば、大切なものを守る覚悟を**

決め、全力で事に当たるのみです。

Q10 「堅物だね」と周囲からよく言われます。もっと柔軟性があったほうがよいのでしょうか?

「堅物(かたぶつ)」の対極にあるのが「不良」です。私は、不良というのは悪いものではないと思っています。不良とは「柔軟性があること」だからです。

私はかつて、不良でした。学生服のボタンを外し、帽子を被らず、池袋の街を歩いていました。当時はそれが不良のイメージだったのです。

もしも「いま不良になってください」と言われたら、当時とは逆に、学生服をしっかり着てホックを閉め、帽子を被って毎日学校に通います。なぜなら、いまは髪を染め、自由な格好をして学校に通うほうが、人気が出るからです。

「人気を取る」という成果を出している点では、そちらのほうが優等生です。それとは反対の格好をしている私はまったく人気が出ない。落ちこぼれ。つまり不良なのです。

このように、不良は損をする人間です。正確に言えば、「損をすることを分かってやっている人間」なのです。これは、世間が「正しい」と思っていることからあえて外れる、そういうしなやかさがないとできない。だから不良には「柔軟性がある」のです。

不良は、柔軟性とともに、反骨精神も持っています。反骨精神とは、世の時流に乗らない、反権力を貫くということです。多くの人がＳＮＳで「いいね！」をもらいたいと思っているのに、絶対にそんなことはしないと誓っているのもそうだし、みんなが「こうしたほうが得するよ」ということを、断じて行わないのもそうです。

私は、**不良であることは、非常に重要なことだと捉えています。損をすることを承知で、反権力の思想をもって行動できるから**です。

政治家や実業家の二代目、三代目で、早くから親の後を継ぎたがっている人に、ろくな人間はいないと言われています。逆に、若いころは権力者である父と徹底的に対立する不良で、父が亡くなってようやく後を継いだような人が、かえって社会的に立派になっています。

権力に疑問を持ち、それに反発するエネルギーを持つ。それくらいの不良精神を持ったほうが、事を為せるのではないでしょうか。

2章

自分探しは地獄への途

Q11 自分が何をしたいのか、いまだに分かりません。どうやったらそれが分かるでしょうか。

自分が何者なのか。何をするために、どう生きていけばよいのか。それを「運命」というのであれば、これを見いだす方法は、一つしかありません。

体当たりするのです。いまやっている自分の仕事、会社、人間関係、こうしたものに体当たりでぶつかるしかありません。

私は小学一年生のとき、『葉隠』という武士道の書物に出会いました。初めて『葉隠』を読んだとき、なぜだか分かりませんが、そこに書いてあることが非常に格好良く思えたのです。

以来、武士道に関連する本を読み漁り、武士道をテーマに話をしたり、文章を書いたりすることで、体当たりをしてきました。その結果、多くの人に嫌われました。なぜなら、ことあるごとに武士道の話をするからです。現代人の多くは、そんな昔の日本人の生きざまに興味がないのでしょう。

また体当たりすれば、人に嫌われることもあるし、いやがられることもあります。しかし、だからこそ「自分とは何か」「本当に思うことは何か」が分かるのです。私がいまこうした仕事をしているのは、体当たりし、ボロボロになる中で、自分というものを見いだしてきた結果です。

そもそも、自分が何をしたいか分からないという悩みは、現代病のようなものです。

武士道が生まれた武士の時代には、そんな悩みはありませんでした。なぜなら、できることがはっきりと決まっていたからです。

武士の家に生まれたら、武士として生きるのが当たり前でした。佐賀藩に生まれれば、佐賀藩の殿様が主君です。長州藩であれば長州藩主が主君です。それ以外は選べません。

要するに、生まれた家によって、自分の役割や成すべきことが、あらかじめ決まっていたのです。佐賀藩の武士として生まれたら、佐賀藩のために命をかけるのが、自分のやるべきことだったのです。

武士以外もそうでした。農家に生まれたら農民として生きる、商家に生まれたら商人として生きる。それが当たり前だったから、自分が何をしたいのかなんて、考える必要が一切なかったのです。

ところが、民主主義が日本に導入されてからというもの、それが無くなってしまった。「お前は武士の子なんだから、武士として生きるんだよ」ということが皆無になったのです。

民主主義のもとでは、人は、生きる場所も職業も自由に選択できる、ということになっています。だから、その中で生きてきたわれわれは、「自分は何にでもなれるんだ」と思っています。その一方で、「自分は何になるために生まれたんだろう」という悩みが生まれているのです。

自分が何者なのか。自分の「運命」とは何か。これをいち早くつかむには、できるだけ早いうちから体当たりすることです。自分探しの旅に出るのではなく、「これが自分の運命かもしれない」と思うことに、全力を傾け、命を燃やすのです。

そこからしか、自己というものは見えてこないのです。

Q12 自分の過去があまり好きではありません。過去を忘れて、新しく生き直すことはできるでしょうか?

少し極端な例かもしれませんが、「私はフランス人に生まれたかった」と言って、日本人に生まれたことを悔いている人がいます。私に言わせれば、そんなふうに生きている人は、くだらない人生を送っている人です。

自分の生まれやルーツのことを「宿命」と言います。「宿命」とは、終わってしまった運命のことです。出身地、家、卒業した小学校、これらはすべて「宿命」です。これから先にある運命ではなく、自分の過去にあった運命のことです。

「宿命」は、変えることができません。例えば、日本人であること。ひとたび日本人として生まれてきたからには、どう転んでもフランス人という人種にはなれません。親もそうでしょう。自分の両親から生まれてきたという事実は、絶対に動かせないのです。

それなのに、「日本人でいるのはイヤだ」「この両親のもとに生まれてきたのが間違いだ」と言ったところで、何の意味もありません。それどころか、自分をダメにしてしまいます。

すべての「宿命」は、「縁」によってもたらされたものです。日本人に生まれたのも縁なら、その両親のもとに生まれたのも縁です。好きか嫌いかではありません。好きでも嫌いでも、そこに「縁」があったからこそ、いまの自分があるのです。

だから、自分の「宿命」を、すべてよしとする。受け入れる。認める。つむがれてきた縁を、大切に考えるのです。

過去の「宿命」を愛さないことには、次の「運命」をつかみ取ることはできません。自分の中にある「宿命」から何かを感じ取ることで、自分とは何かが分かっていくからです。

生まれた家にコンプレックスを持っているとか、学歴にコンプレックスを持っているとか、自分の「宿命」を否定するようなケチくさい考え方ではダメです。そんなことでは、一生ダメな人生を送ることになります。

私は、自分の「宿命」が大好きです。私の先祖は佐賀藩の武士で、奉行職をやっていました。いまでいえば、現場指揮官的な役職です。だから私は、殿様にも家老にも若年寄にも興味はありませんが、奉行職だけは好きです。

もし農家の家に生まれたのなら、それを宿命と捉えて農家を愛したでしょう。その感覚こそが大事なのです。自分の出生を愛し、それを出発点とする。そこからどう歩いていくかが人生なのです。

「宿命」を含めた自己の運命を愛することができると、信ずるもののために命をかけられるし、死ぬこともできます。つまり、体当たりできる。これによって、自分の生きる道もまた引き出されていくのです。

Q13 どうすれば良い人生を送ることができるでしょうか。

自分の「運命」をいち早くつかみ、そこに命を捧げることです。武士道的な良い人生を送った人は、みんなそうしています。

命を捧げるとは、すなわち体当たりです。体当たりし、間違えに間違えて、世の中からボコボコにされて、ようやく「本当の運命」に気づくのです。

私は、小中高と男子校に通いました。小学生のころから武士道の生き方を志してきた私は、よく周囲とぶつかっていました。高校ぐらいまでは、先生に殴られなかった日はありません。

しかし、毎日殴られながら、自分というものが何なのか、何を思っているのか、だんだん分かっていきました。これが武士道でいう「体当たり」なのです。

「ボコボコにされるのなんてイヤだ」「そんなことをされたら心を病んでしまう」と言う人もいます。大丈夫です。そんなことで心を病んだりはしません。それで病むようではダメです。

心を病んでしまうのは、「分かってもらいたい」「人から良く思われたい」という気持ちがあるからではないでしょうか。分かってもらわなくていいのです。そもそも自分の「運命」なのですから。誰かに分かってもらって、代わってもらえるものではない。理解されなくて当たり前なのです。

なお、体当たりするときは、まったく関係ないものにではなく、自己の「運命」だと思うことに体当たりすべきです。本当の「運命」は体当たりしなければ分かりませんから、まずは「これが運命かもしれない」ということを決めるのです。

決めたら、体当たりしていきます。すると、まわりから本音が出てきます。その本音が、あなたの運命が何かを教えてくれます。

どんな人に対してであれ、本音で付き合わない限り、付き合ったことにはなりません。たとえ親であっても、本音でぶつからない限り、「運命」を教えてくれるような関わり合いにはなりません。

私は学校の先生にいつでも殴られましたが、私が本音で体当たりしたからこそ、先生もまた、殴るという形で本音を出してくれたのです。

殴られようがボコボコにされようが、体当たりしていく。それをしない限り、人間のすべてはきれいごとで終わってしまいます。何千人、何万人と出会っても、いつも「今日はいい天気ですね」と言い合っているようでは、話にならないのです。

本音をぶつけ合うのが、本当の人付き合いです。その結果見えてきた「運命」に、自分の命を捧げる。これが良い人生を送ることなのだと、武士道は教えてくれています。

Q14 いまの仕事は自分に向いていない気がします。好きな仕事が、自分に向いている仕事なのでしょうか？

私の経験で言えば、「やりたいこと」「好きなこと」は運命の仕事ではありません。だから、好きなことをやればやるほど、自己の運命から外れていきます。

良い例が「結婚」です。昔は、恋愛結婚は一番悪い結婚だと言われていました。気が合う者同士、似たもの夫婦の結婚は、運勢学上は一番悪いのです。恋愛結婚は相手が好きだからするのですが、だからこそ基本的にダメなのでしょう。

人間は、自分にないものに憧れたり、好きになったりする傾向があります。そのため、現在の仕事を自ら捨てて、憧れの仕事に就こうとします。これが運命から外れる生き方です。

私は、医者や政治家、実業家に憧れて自分からなりたがる人は、たいていダメだと思っています。なぜなら、表面的なところしか見ていないからです。

お金があったり、ちょっと良い物を着たり、いい車に乗ったりしているのを見て、「いいなあ。ああなりたいなあ」と思っているに過ぎません。

政治家なんて最たる例でしょう。人前で偉そうにしているところを見て、政治家になりたいと思う政治家の子どもは、いわゆるバカ息子です。

多くの人が、生まれながら何かの才能を持っています。その才能が、運命を引き出します。実業家の才能がある人は、実業家の運命を引き出し、小説家の才能がある人は、小説家の運命を引き出すのです。

しかし、才能があるということは、その仕事の現実や大変さが見通せるということでもあるのです。そのため、憧れや幻想を抱かなくなります。

実業家や政治家という運命を持つ人は、自分から「なりたい」なんて決して言いません。それがどれほど大変かを知っているからです。才能があるからこそ、苦労をいち早く察知しているのです。

私の感覚では、九〇%くらいの人が、本人の憧れているものとは違う才能や運命を持っています。だから「やりたいこと」「好きなこと」が運命にはなり得ないのです。

もしも向いている仕事が分からないのなら、むしろ好都合です。**いま与えられた仕事を**

全力でやる。そうすれば、運命に組み込まれている才能が反応します。その才能が、自分の中から運命を引き出してくれます。

アルバイトでも何でも、死に物狂いでやる。ただひたすらに一生懸命やった人間だけが、運命である仕事に行き着けるのです。

Q15 仕事にやりがいを感じません。転職したほうがいいでしょうか。

いまの仕事について「イヤなことをやっている」「やりたくないことをやっている」と思うなら、それは自分の運命を愛していないことになります。イヤな仕事をやっているということ自体、傲慢で生意気な考えです。

どんな仕事であっても、縁だと思って大切にする。友達の紹介で入社したとしても、親のツテで就職したとしても、すべては「縁」だと思って打ち込むのです。

目の前にある仕事に命がけで体当たりする以外、道は開けません。「仕事に手ごたえを感じない」「仕事の価値がどうだ」と言っている人は、全員、屁理屈を言っているだけです。

私は大学を卒業後、有名な大企業に就職しました。しかし、四〇年先まで給与が決まっていることに衝撃を受け、ここにはいられないと思い、辞職。それがもとで、父からは勘当されました。

その次に勤めたのが、神奈川県にある造船所です。ただで住める「船員宿舎」でインドネシアやベトナムから来た船員たちと生活し、朝から晩まで与えられた仕事をしました。

本当に命がけ、体当たりで働きました。その過程で、マグロ船団の親分や作家といったさまざまな人に出会い、私の思想が築き上げられていきました。

その後、自分の思想を追求するために仕方なく始めたのが、担子菌の研究です。そして三〇代前半、お見合い結婚をするものの、妻が難治性の病気にかかり、子どもを生んですぐに他界。これがきっかけとなり、独立して菌酵素食品の会社を創業しました。

これが「運命」というものです。命をかけて体当たりしたから、自分のやるべき仕事が分かったのです。つまり、与えられたことに死ぬ覚悟でぶつかるという武士道精神が、運命の仕事を導き出したのです。

武士道精神を持ち、いまの仕事を全力でやれば、自ずと答えは出てきます。答えは天から来ます。全力で当たっている人間には、天から運命が降ってきます。これは保証できます。私もそうでしたから。

しかし、与えられたことに全力投球もせず、「もっと向いている仕事はないだろうか……」なんて言っているうちは、向いている仕事なんて一生見つかりっこありません。

Q16 会社を辞めて独立しようと思っていますが、どんな事業を行うのが良いでしょうか。

どんな事業をやるのか考える前に、「なぜ会社をつくって事業を行うのか」から考える必要があります。

私は三三歳のときに、現在、私の経営する株式会社 日本生物科学の前身となるバイオテック株式会社を創業しました。儲けて成功したいからではありません。自分が打ち立てた志を実現するためです。

丁稚奉公から始まり、やがて家電の大企業をつくった松下幸之助もまた、「志」のために事業を行っていました。人間はどう生きるのが美しいのか、人生の豊かさとは何か、神から与えられた生命とは何か。これを証明することが「事業の目的」だったのです。

私は、商売や事業は「志」を実現するためにやるものだと思っています。「志」がなかったり、ダメになったりしては、事業を行う意味はありません。

「志」を貫いた事業を行う。これはなかなか大変です。私はいつも、事業が「志」からはずれないよう経営の舵取りをしています。具体的に言うと、「志」を実現できる売上規模、伸び、従業員の数をいつも模索しています。

私は、売上や従業員が増えすぎると、「志」から逸脱すると考えています。だから、売上が膨張し始めると、自らそれを叩き抑えています。

例えば、社員に対して「もっと正しくて、厳しい売り方をしろ」と言う。そうすると売上は落ちます。それくらいのことをやらないと、放っておけば、どんどん規模の拡大を追い求める動きになってしまう。いわゆる我利我利亡者に陥り、「志」とは違う方向に行ってしまいます。

松下幸之助が興したパナソニックは、そういう意味でいえば、大きくなりすぎてしまった。幸之助自身、「社員が二〇〇〜三〇〇人のころが一番楽しかった」と言っています。このくらいの規模だと、自由に「志」の実現ができたのです。

われわれの会社は、創業以来、自分で開発し、自分でつくり、つくった分だけ売るというシンプルなやり方をしています。これによって、「志」の実現に高い自由度を保っていられるのです。

もしも自由度を失えば、「志」からはずれ、我利我利亡者の道を歩んでしまうことになりかねません。例えば、流通ルートを他社に頼っただけで、そうなってしまいます。モノや経済規模を追求するグローバリゼーションの中で、「志」ではなく、利益をとことんまで追求する企業姿勢にならざるを得なくなるからです。

事業をやるなら、このあたりのことを分かる必要があります。**生きるとは何か。人間の使命とは何か。そこを問い直すことが事業の出発点**ではないでしょうか。

Q17 どうしても他人と自分を比べてしまいます。ゆるぎない自分になるには、どうすればいいでしょうか。

人には「絶対価値」があります。自分より上の人間もいないし、下の人間もいない。かつての江戸時代でも、ヒラの武士だろうが殿様だろうが、武士道の前では全員平等です。将軍でも、武士道の考えから外れた卑怯な真似をすれば、単なる卑怯者でした。

私は、自分と他人を比較して人をうらやましいと思ったことも、人がやっていることで自分ができないなどと思うこともありません。なぜなら、やれば誰でもどんな高みにでも到達できるからです。いまはこの仕事で高みを目指していますが、もしも映画スターを極めたければ、なれると思います。

「同じ人間が、誰に劣り申すべきや」

『葉隠』の第十戒にある言葉です。この言葉は、人間の「絶対価値」を表しています。つまり、人はみな平等だということです。同じ人間が、いったい誰に劣るというのか、ということです。この言葉は、武士道の根本中の根本であり、私の人生観の中で最大の言葉です。

武士道の言う平等は、キリスト教の「神の前の平等」とも同じような考え方です。中世イタリアで最も著名な聖人、聖フランシスコは、死ぬまで貧しい浮浪者でした。しかし、あの時代に最も偉大だったローマ教皇と聖フランシスコは、まったく同等。そうしたものの見方が平等です。

武士道が根づいている日本は、世界一平等な国だと、私は思います。西洋には貴族階級というものがあり、「ブルー・ブラッド」と呼んで、血の色まで違うと言っていました。階級が違えば、同じ人間とは見なされなかったのです。

しかし、日本には昔からそんな思想はありません。天皇ですら、われわれ庶民と同じ人間です。血の色は同じ赤です。天皇は親で国民は子という考え方の中で、まるで家族のような感覚で共存してきたのです。

私は、ここが日本人のすばらしいところだと思っています。本物のヒューマニズムです。

「同じ人間が、誰に劣り申すべきや」

武士道の前では、誰もが平等です。自分は誰にも劣っていないのです。やろうと思えば、何だってやれる可能性を持っています。

私は、聖フランシスコだろうが聖アウグスティヌスだろうが、努力すれば同じ精神性にまでたどり着けると思っています。彼らと自分を比べて「自分には才能がない」なんて思いもしません。だって、同じ人間なのですから。

もしも、**他人と比べて「自分は劣っている」と思うなら、劣らない自分になれるようがんばればいいのです。努力すればいいのです。**高みに行けばいいのです。

その努力の中にこそ、自分というものがあります。

Q18 がんばっても報われません。心が折れてやる気をなくしている私は、ダメな人間なのでしょうか。

人間はもっともっとできるはずです。それなのに、すぐに「自分はもうダメだ」と落ち込む。「これ以上がんばれない」と言う。そんな人は、心の底から「自分はダメだ」なんて思っていないでしょう。ダメだと言ったほうがラクだから、そうしているだけです。私はラクになりたいと思っていないので、その感覚が分かりません。ラクになるときは死ぬときだと思っています。そもそも、自分がダメだと言う人は、みんな欲が深いのではないでしょうか。

仮に「自分はダメだ」という言葉が、本心から出ていない言い訳だとしても、言い続けているうちに、ほんとうにそういう人間になります。「言霊」という言葉があるように、ダメだと口に出せば本当にダメになるのです。

人間としてさらに高みをめざす過程では、間違いもあるし、しくじりもあります。高いレベルに行けると思っていたけれど、予想以上に難しかったということは誰にでもあります。疲れて実力が発揮できないこともあるでしょう。

ところが、できなかったり、失敗したりするとすぐ「心が折れた」などと言う。これは、人間をものすごく「低いもの」として見ている言葉です。

人間は、「絶対価値」を持っている立派な存在です。もともと高いところにいるのです。それなのに、なぜ傷ついて低いところに行ってしまうのかと、私は言いたい。「みっともなくないか？　心なんかが折れちゃって」と思います。

同じ人間に生まれて、あの人にできて自分にできないことなど、この世にありません。

いまはダメでも、死ぬ気になって何度も何度も挑戦すれば、必ずできるようになります。

しかし、もしも「自分には才能がないから」と思ってしまったら、そこまでです。「このへんでいいや」と思ったときが、終わるときです。

私はいま七〇歳ですが、「このへんでいいや」とはまるっきり思っていません。もっと上に行かなければ、自分として納得できないので、まだまだやります。

「本当にやれば、どんな偉いものにもなれる」。『葉隠』を記した山本常朝はそう言っています。このような思いを持って初めて、自分の潜在意識が開発されるのです。

潜在意識がすべて開発されれば、どんなすごい人間にもなれます。最高の域に達することができます。自分の中にそうしたものが内在していることを、私は信じて疑いません。

Q19 失敗が怖くて一歩を踏み出せません。吹っ切る方法はありますか？

人生は体当たりです。細かい話はほかにいらないほどです。失敗など、何度しても全く関係ないのです。体当たりあるのみ。これしかありません。

『葉隠』で最も知られている言葉に、「武士道といふは、死ぬ事と見附けたり」という言葉があります。**死ぬために生きるのが武士道だということです。一人の人間として生まれたら、死ぬ気で物事に体当たりして、死ぬ気で何かに挑戦する。それが最高の生き方なのだ**という意味です。

失敗することを怖れ、ウジウジ悩んで、死ぬ気で体当たりできない人は、武士道の考え方では問題外です。卑怯で臆病で情けない人間だということで、相手にもされません。

「死ぬ事と見附けたり」というのは、死ね、ということではありません。死を覚悟して突っ込めば、生きる道が見つかる、ということです。死に物狂いでやった人が、成功をつかみ取るのと似ています。

かえって、死ぬことを怖れて、腰が引けたまま突っ込んだら、すぐに敵にやられてしまうでしょう。必死の思いでやるから、結果がついてくるのです。

こう言うと「必死でやって、結果がついてこなかったらどうするのか」と聞いてくる人がいます。武士道が問うているのは「やるか、やらないか」です。死ぬ気で突っ込んだかどうか。体当たりしたかどうか。そこにこそ価値があります。結果は二の次なのです。

私が子どものころ、大学受験で志望校に落ちてしまい、自殺した人もたくさんいました。それくらい、命がけで受験勉強をしていたのです。

いまはもうそんな人はいませんが、私は、武士道精神を貫いた受験勉強とはそういうものだと思います。良い悪いではない。死ぬ気でやったかどうかの問題なのです。

もし、それで失敗したのなら、それは自己責任です。西部劇に出てくるビリー・ザ・キッドは、アメリカ開拓時代の無法者で、強盗を繰り返した悪党ですが、自分が信じるもののために命がけで生き、殺されても文句を言いませんでした。まさしく自己責任です。

昔の西部劇には、ビリー・ザ・キッドのような悪いヤツがたくさん出てきますが、みんな死ぬときは「不覚を取った」と言って倒れていきます。不覚を取ったとは、自分のせいだ、という意味です。決して他人のせいにはしません。そういうところに武士道を感じます。

はめられようが、騙されようが、失敗しようが、それはすべて自分の責任。死ぬ気でやることに価値があるんだ。そう思って体当たりすれば、怖さは吹き飛ぶのではないでしょうか。

Q20 「身の丈に合った生き方を」と言われますが、自分の「身の丈」が何か分かりません。

身の丈とは、「何が自分なのか」ということです。「わきまえ」と言い換えることもできます。「わきまえ」は、「死生観」を持っていないと出てきません。ですから、まずは「死生観」を理解するところからが始まりです。

「死生観」という言葉だけ聞くと、難しくて高尚なものだと思うかもしれませんが、実は案外、シンプルなものです。

例えば、昔の人はよく「家族に囲まれ、畳の上で死にたい」と言っていました。これが「死生観」です。分かりやすく言えば、「どう死ぬか」です。

自分の「死生観」が分かり、それが腑に落ちると、どう生きるかが決まってきます。例えば、家族に囲まれながら、畳の上で死にたいのであれば、離婚するような生き方はまずしないでしょう。

なぜなら、離婚したら家族を失うからです。子や孫に囲まれるという最期を、実現できなくなるのです。だから、たとえ結婚した相手が悪魔のような人間であろうが、嫌いだろうが、顔形が整っていなかろうが、添い遂げようとするでしょう。

「家族に囲まれ、畳の上で死ぬ」は、とても庶民的な「死生観」です。これといって特徴のない、平凡な死に方です。しかし、この「死生観」を持つだけで、離婚が減るのです。私は立派な「死生観」だと思います。

妻と犬猿の仲であっても、子どもがとんでもなくグレても、自分が死ぬときに、畳の上で囲んでくれたらそれでいい。「いろいろあったけど、オレの人生、まあ、よかったんじゃないか」と思って死んでいくことが、まっとうな「死生観」です。

人生は、これでいいのです。「まあ、よかった」と思う程度でいいのです。幸福な人生を送ろう、成功の人生を送ろうと思うから、苦しくなるのです。「不幸になりたくない」と思っているから、いまの人はこんなにも臆病になってしまったのです。

昔の人は、不条理なこの世の中に投げ込まれたのが人間だ、と思っていました。成功するために、幸福になるために生まれてきたのではない。人には持って生まれた定めがあり、その不条理の中で生きるのが当たり前だ、と考えていました。

だから「家族に囲まれ、畳の上で死ねたら、まあ、よかった」なのです。この「死生観」を持っているから、自分というものをわきまえ、生きることができたのです。

自分をわきまえるとは、つまり「身の丈」です。自分がどこの国に生まれ、どんな両親で、どういう家で、どのくらい財産があるのか。これらはすべて「身の丈」です。「何が自分か」を説明してくれるものです。

「身の丈」を知っているから、自分に合った生き方を選べます。自分の進路を決めたときのことを思い返してみると、分かると思います。親はどんな仕事をしていて、家にどれくらいお金があるかで、進路を決めていけたはずです。これが「わきまえ」なのです。

日本人に生まれたなら、日本人であることが「身の丈」。貧乏人の家に生まれたなら、それが「身の丈」。つまり「宿命」なのです。それを受け入れ、喜ぶ。受け入れられないのなら、「宿命」と戦い、抜け出せばいいのです。ただし、大変な努力と才能が必要です。それを覚悟してやるなら、よいのではないでしょうか。

3章 幸せを求めると不幸になる

Q21 もっと幸せになりたいです。どうすれば幸せになれますか？

まず、幸せとは何かを考えてみるべきでしょう。そもそも幸福というのは「他人に対して願い、祈る」概念です。つまり、他者の幸せを願うというのが幸福です。

それに対して、「自分が幸せになりたい」というのは、エゴイズム以外の何ものでもありません。幸福という言葉は響きがいいので、良いことのように捉えられますが、そのベクトルが自分に向かっている以上、これはエゴです。

エゴを仏教で言い表したのが「我利我利亡者」です。餓鬼道や修羅道に落ちた、欲の塊のような者のことです。

私は、いまの日本人はみんな「我利我利亡者」だと思っています。

経済政策の中で、「豊かになりたい」という気持ちが助長され、国全体が我利我利亡者になりました。豊かさを求めるのは分かります。しかし、果てしなく幸せになりたい、無限に幸福になりたいなんて、これはもうおかしいと言わざるを得ません。

真に豊かになりたいなら、**「どこまで」という限界を決める。これが、我利我利亡者にならない秘けつ**です。

例えば、GDPなら「ここまでいけば満足としましょう」というラインを決めるのです。給料なら「このくらいもらったらもう十分」という金額を決める。それこそが、私は本当の豊かさだと思います。

私は、自分が「これで十分だ」と思う収入の上限を決めています。それ以上は望みません。もっとほしい、もっとほしいと思っていたら、際限がありません。我利我利亡者の無間地獄に、まっしぐらに落ちていくだけです。

昔は、しっかりしたおばあちゃんがたくさんいて、子どもが決められた以上のお菓子を取ろうとすると、「お前は我利我利亡者か」とすかさず注意していました。

食べ物も、必要以上に欲しがると、「育ちが悪い」「お里が知れる」といって、周囲から冷ややかな目で見られたものです。

「収入の上限を決めているなんて、変わっていますね」と言われますが、私に言わせれば、無限の経済成長が幸せだなんて言っている人のほうが、よっぽど変人です。そうまでして我利我利亡者になりたいのか、と思います。

いまの日本は、豊かなのではなく、無間地獄に陥っているのです。お金の誘惑だらけで「こうすれば儲かりますよ」といった話題が、あちこちで飛び交っています。

私は何を聞いても、まったくそういう際限のない金儲けのようなことはやる気がありません。宝くじも、当たってももらわないから買いません。

私がこれだけ自分の思想を固めてこられたのは、自分の成功や幸福といったことを考えないからです。食べられれば、それで十分です。

人間というのは、一定量以上のものを食べることはできません。山のような料理があっても、それを平らげることはできないのです。

それなのに、なぜみんな必要以上に食べたがるのだろう。いつもお金のことばかり気にするのだろうと、不思議に思っています。

足るを知り、必要以上のものを欲しがらない。これが人間として当たり前の考え方ではないでしょうか。

Q22 仕事で失敗しました。やり直すにはどうすればよいでしょうか？

武士道的に言えば、「失敗を認める」ということが、やり直しの第一歩になります。失敗を認めることは、ある意味「死ぬよりつらいこと」です。私は、本当の意味で失敗を認めている人に、ほとんど会ったことがありません。それくらい、認めるというのは難しいことなのです。

しかし、失敗を認めない限り、反省し、もう一度正しい形でやり直すことはできません。失敗や間違いから逃げ出したら、二度とやり直しなどできないでしょう。

武士の時代は、失敗を認めてやり直す方法がありました。それが「切腹」です。切腹とは死ぬことだと思っているかもしれませんが、大間違いです。失敗を反省し、改めて出直す〝責任の取り方〟こそが、切腹の正しい解釈です。

武士にとって、切腹は一番の誇りとなる行為でした。なぜなら、自分が腹を切ることによって、自分が命より大切にしている「家」というものを存続できるからです。

武士道では、「家」というものが重んじられます。一つ屋根の下に住んでいるファミリーのことではなく、「山田家」「田中家」といった、いわゆる家制度のことです。

現在の日本には、家制度がほとんど残っていません。ですから、家制度と聞いてもピンと来ない人が大勢いると思います。しかし、昔の家制度に最も近いのが、先にも触れましたが、いまの会社組織だと言えば、イメージしやすいのではないでしょうか。

武士は、「家」を大事に考え、それを守るために戦いました。相手を攻め負かすというより、自分にとって大切な「家」のために、槍や刀をとったのです。

つまり、先述したように「武士道」は〝戦いの哲学〟ではなく、〝守りの哲学〟だということを思い出して下さい。

そして切腹は、「家」を守り、復活させるためのものでした。切腹することで、自己の肉体はなくなりますが、「家」は生き続けるからです。

いまは「責任を取って切腹する」なんてことはありませんが、それくらい覚悟を決めて大切なものを守るというのが、武士道の考え方です。昔の武士は、家を自分と同一視していたので、切腹は「死」ではなかったのです。

日本には、「責任を取って自殺します」というセリフがあります。私は、現代の自殺は責任の取り方などではない、と思っています。武士の切腹とは、まったく意味が違います。そこは絶対に間違えないでほしいのです。

切腹は、子孫に命を継ぎ、新しくやり直すための責任の取り方です。現代の自殺には、そういう要素はまったくありません。ただ命を朽ち果てさせているだけです。

誰のせいにもせず、切腹するくらいの覚悟をもってやる。それが責任をもって事に当たるということです。コンプライアンスを遵守するとか、そういう形の上のことではありません。

もしも間違ったら、それを認めて死ぬ。真に認めるとは、死ぬより辛いのです。そしてやり直す。これが武士道で言う「責任を取る」ということです。

失敗の理由は、自分にあります。死ぬよりつらかろうとも、失敗を失敗と受け取り、自己分析するのです。

その「死ぬよりつらいこと」ができるのなら、もう死んだも同然です。切腹は完了です。一から出直す準備が整ったということです。

武士が腹を切って、自分が最も大切にしていたものを生かしたように、**失敗から学んで**

やり直すために、まず失敗を失敗として認める。そうすれば、大事なものを必ず復活させることができるでしょう。

Q23 武士道を実践すれば、幸せになれますか?

武士道とは、自分の運命を愛することです。運命を愛しているから、自分が信じるもののために命を投げ出すことができます。

幸せを語るとき、「幸福論」という言葉がよく出てきます。現代では、自分が幸せに生きるための人生論のことを言うことが多いですが、武士道の観点からすると、これは「幸福論」ではありません。単なる自己中心主義です。

「幸福論」で最も有名なのは、哲学者・法律家のカール・ヒルティが残した『幸福論』です。西洋の書物ですが、ここに書かれているのは、武士道と非常に通ずるものがあります。

それは「わが身を捨てて何かに尽くす」という考え方です。西洋なら「キリスト教のために尽くす」、日本なら「運命のために尽くす」という人生観です。

私は、これが本当の「幸福論」であるし、人間の根源だと思っています。人間の文明が生み出した、最も大きな精神の文化です。人が人として生きるということは、何か崇高なもののために命を捧げることなのです。

崇高なものとは、家族への真の愛、他者の真の尊重、社会の下支えなどです。「自分は何のために生きるのか」を考え、体当たりし、命を燃やすのです。

日本にキリスト教を伝えたスペインの宣教師、フランシスコ・ザビエルが良い例でしょう。彼は大変な波濤を越えて、はるか海の向こうから日本にやってきています。あの頃、ヨーロッパから日本や中国に向かう船の沈没率は、五〇％を上回っていました。ただ日本に来るというだけで、命がけだったのです。

それでもザビエルは来日し、布教しました。伝染病で次々と人が死ぬ中で、キリスト教のためにわが命を捧げ、尽くしたのです。

「こんな生き方をすると幸福になれますよ」と言われると、多くの人はすぐに飛びつきます。しかし、「幸せになれます」ということこそ、武士道の対極にあるものなのです。

なぜなら、武士道は幸せになるためにやるものではないからです。

そもそも、**武士道には幸も不幸もないのです。自分が信じるものに命を捧げることが武士道の貫徹。つまり成功なのです。**それができたのであれば、しくじっても成功だし、病気になっても成功。早死にしても成功なのです。

何度も言いますが、武士道は、幸せになるために実践するものではありません。命を燃焼させるためにやるのです。それができたのなら、犬死にでもいいのです。幸せだったかどうかは、関係ありません。

自分の唯一の生命を、どう使って、どう捨てるか。それが武士道の教えてくれている「人間としての生き方」なのです。

Q24 家族げんかが絶えません。けんか一つしない幸せな家族になりたいのですが、どうしたらいいでしょうか?

最近の家族は、すぐに「愛している」とお互いに言い合いますが、私にはこれが信じられない。表面的には、良好な関係を保っているように見えますが、自分たちだけで誉め称え合っているエゴにしか思えないのです。

親子も兄弟も、本気で体当たりし、魂をぶつけ合っていれば、「愛している」なんて言葉は、軽々しく出てこないと思います。ああした言葉は、普段からさらっと言えるものではないのです。

昔の人は、「愛」「感謝」なんて言葉を、絶対に家族に対して口にしませんでした。しかし「愛」がなかったわけではない。むしろ、いまよりずっと「愛」が深かったと思います。

昔は、家族が大げんかするのが当たり前でした。**仲が良いから、壮絶なけんかができるのです。「愛」があるからこそ、相手に本気でぶつかっていけるのです。**だから、どことなく微笑ましかったのです。

いま、そんな微笑ましさは消えています。代わりに、どこか嘘っぽい幸せの風景が広がっています。

もしも昔の人がいまの家族を見たら、びっくりするでしょう。「愛」なんて言葉が飛び出した日には、「そんなのは出まかせだ」と怒り出すかもしれません。

「愛」とは、自分が嫌われようとも、相手のためになることを言ったりしたりすることです。しつけがその代表例です。

しつけは、子どもが嫌がることをあえてすることです。なぜするか。しつけがなっていない子のまま育ってしまったら、将来、その子が困るからです。

私は、家族からけんかがなくなったことを、決して良いとは思っていません。むしろ、愛がなくなったと思っています。愛を捨てれば、けんかはなくなりますから。

現在の家族は、人としての道理を教える場ではなく、ただ人間を甘やかすだけの場になっています。そんな家族や家庭のあり方が、人類として良いのかどうか、疑問です。

Q25 人として良く生きるためには、何が必要ですか？

シンプルです。**不幸になればいい**のです。私は、人間的に生きるために、不幸になるようにお勧めしています。

こう言うと、「分かりました。不幸になったほうが、最後には幸せになれるのですね」と多くの人が答えます。これを聞くたびに、私は「現代人の受けた幸福論の洗脳の深刻さ」を思います。

先日、テレビでＡＩについての番組をやっていました。その番組で、ＡＩに「健康に一番いいのは何か」を問うたところ、「読書」という答えが出ました。

このとき、番組出演者からは、こんな声が上がったのです。「読書が好奇心をかき立てるから、健康にも良い影響を与えるのだろう」「読書をするために、本を探して歩くことが健康にいいのではないか」と。

ＡＩは、統計上の計算から「健康には読書がいい」ということを導き出しています。ところが、人間のほうは、それとはまったく別の理由を探そうとした。これは「読書が健康に良いわけがない」という思い込みに支配されているからです。

統計学上、読書がいいとなったら、読書がいいのです。それなのに、素直にそのように捉えられなくなっている。これが「洗脳」ということです。

幸せについても同じです。「幸せになるのが絶対にいいことだ」と思い込んでいるから、「不幸になれば人間的に生きられる」と言うと、「では、不幸になれば幸せになれるのですね」と答えるのです。

人間的に良く生きることと、幸せになることは違います。私は、不幸になる気がなければ、武士道なんて実践できないと思っています。だから、不幸になる気満々です。でも、他の人はそうではない。そのくらい、幸福が善だという「現代的な幸福観」にすっかり侵されてしまっているのです。

そもそも、幸福や金銭的な豊かさは、戦後社会が国民を躍らせ、経済成長するために使った言葉です。良く生きるための概念ではないのです。

武士道が重んじられていた昔の日本社会では、「幸福になりたい」ということなどは、少なくとも男は恥ずかしくて、死んでも口にできませんでした。自分の命よりも大切なもののために死ぬことが、武士としての良い生き方だったからです。

武士道の考え方で生きている私もまた、成功したい、幸福になりたいなんて思っていません。小学校のころから、友達がほしいとも思っていません。人に好かれたいともまったく思ったことがありません。女性にモテたいなどは問題外です。

だからこそ、素直に物事が見えるのだと思います。

Q26 現状に不満はありませんが、このままでいいのか、という漠然とした不安に悩まされています。

人間は、生きることに満足したら終わりです。「このままでいいのか」という渇望感を持っていなければダメになります。

武士道が教えてくれる人生の真髄は、「自分の命よりも大切なもののために命を捧げること」です。しかし、これが本当にできている人が何人いるでしょうか。私だって、ほとんどできていない。だから常に悩んでいます。

悩むということは、理想と現実のギャップに苦しむということです。つまり、理想の姿、自分がめざす「命より大切なもの」に気づいているということです。だから、理想とあまりにも違ういまの姿を、思い悩むのです。

理想に気づけないと、人は我利我利亡者の無間地獄に落ちます。「命よりも大切なもの」という理想ではなく、「自分の命やモノ」を大事に思い、動物のような生き方をするようになるからです。理想とのギャップに悩むこともない代わりに、自分がダメになってしまったことにも気づかないでしょう。

それを回避するのに必要なのが、「このままでいいのか」という渇望感なのです。この生き方でよいのか、物質的に豊かな社会のままで本当にいいのか。そうした「人間としての向上を願う思い」が、渇望感の正体です。言い換えれば、苦悩、苦痛、叫びなのです。

やはり人間は、良く生きるために、不幸になる必要があります。不幸というのは、悩み苦しむことです。私にとって、悩み苦しむことは不幸でも何でもないのですが、世の中の人にとっては、それこそが不幸でしょう。だから「不幸になればいい」と言っているのです。

人間が悩み苦しまなければならないのは、「魂」の問題についてです。命を何に捧げるか、どう生きていくべきか。そういう話です。経済の問題でも金融の問題についてでもありません。

いまの社会は、経済の悩みばかりを議論していますが、これ以上その議論をすることは、我利我利亡者の無間地獄への道をまっしぐらに進むのと同じことです。地獄に落ちている最中に、せっせと地獄へ落ちる議論をし、さらに落下を急いでいる。それがいままです。これでは良い人生を送れるはずがありません。

「魂」について「このままでいいのか」という渇望を持ち、考え、悩み苦しむ。それが人間らしい良い生き方です。

Q27 お金持ちになりたいと思うのは、いけないことなのでしょうか?

お金を稼ぐこと自体は、悪いことではありません。しかし、働きの対価としての稼ぎではないものはダメです。

稼ぐというのは、労働対価をもらうということです。だから、それだけの働きをして稼ぐのはいい。問題は、骨を折りもせず、利益を横取りするような稼ぎ方です。

これをやったのが、第一次世界大戦のときの日本です。ヨーロッパが死力を尽くして戦い、多くの人が命をなげうっているときに、日本人はほぼ傍観者として、戦争景気によって稼ぎました。

これによって生じたのが、傲慢です。要するに、天狗になって知性を失ったのです。命をかけることもせずに儲かったものだから、みんなバカになってしまったのです。

これと同じことが起きたのが、バブルです。バブル景気で浮かれてしまって、知性をなくした。バブルで日本人が失ったのは、財産ではなく、心と知性です。

日本の無為無策がここまでひどくなったのは、バブルのときの傲慢さを振り切れていないからです。心と知性を失ったことで、人間に対する想像力が失われてしまったのです。

心とは、優しさのことではありません。信念のために死ねるか、ということです。だから、**心が商売の根本にないと、金儲けは単なる金儲けにしかならない。社会性のない「心の抜けた金儲け」になってしまいます。**これが傲慢さをおびき寄せるのです。

お金があっても幸せではない、という状況になるのは、心がないところにお金が入っているからです。稼ぐことも同様です。「何のために稼ぐのか」という心がない限り、儲けは何の意味も成さないのです。

4章

人生で絶対に守るべきもの、愛すべきもの

Q28 私が大切なものは「家族」です。仕事よりも優先しています。会社員として失格でしょうか?

家族への愛は、人間として生きる源になります。家族を大切に思えば思うほど、仕事に命を燃やすことができます。

だから、「家族がいるから仕事に打ち込めない」「家族のために仕事はほどほどにする」というのは、実はまったく逆の発想なのです。**家族を愛しているからこそ、死に物狂いで仕事に打ち込めるのです。**

家族を愛すれば愛するほど、人は強くなる。これが武士道の考え方です。家庭を深く愛し、大切に思うからこそ、思い切って仕事に打ち込むという強さが出てきます。

武士は、家族というより「家」を深く大事に思っていたので、それを守るために武士という仕事に命をかけていました。家に対する愛と武士の強さは、比例するのです。

武士道とは、「愛」のために自分の身を捧げることです。「愛するもの」がなければ、武士道は成り立たないのです。愛があり、愛のために戦うのが武士。敵に立ち向かって行くのも、ケンカも殺し合いも、愛すべきもののためにするのです。

最近はあまり言わなくなりましたが、ひと昔前までは「家庭を持っていない人は信用できない」と思われていました。それは、「愛すべきもの」を持っていない人は、自己中心的だと思われていたからです。

自己中心的な人は、たとえ敵に立ち向かう勇気があったとしても、「匹夫の勇」と言われ、くだらない勇み足だとされてきました。武士の時代は、人を斬ったり殺したりするわけですから、「匹夫の勇」がはびこると、武士はただの暴力団でしかなくなります。

武士道で言う勇気は、「匹夫の勇」などではありません。「愛するもの」のために、命はもちろん、すべてを捨てる勇気です。

昔の武士は、家族はもちろん、財産を持っていることが条件の一つでした。家や土地を持っていて、いざというときは、それをすべて捨てる勇気がなければダメだったのです。

失うものがある。なくしたくない大切な家や家族がある。それが勇気の源にあることが重要なのです。失うものがなければ、「気に食わない」というくだらない理由で他人を傷つけたり、暴力を振るったりします。

ニュース番組がいい例です、路上インタビューで好き勝手なことを言っている人の姿がよく映し出されますが、あんなふうに軽々しく言えるのは、失うものがないからです。失うものがない人の意見は、言葉の暴力。本当の意見ではないというのが、武士道の捉え方です。

失うものが大きければ大きいほど、価値は高くなります。自分が最も大切にしているものを、捨て去る勇気と覚悟をもって、日々の事に当たる。これが武士の生き方なのです。

重要なのは、死んでも守りたいと思う「愛すべきもの」を持つこと。それがないのに、人生観や仕事観を語ることはできません。自分の名誉や、やりたいことを優先するところに、人としての道はないのです。

愛があるから、大切な家族があるから、人は強くなれます。家族に対する愛の強さこそ、仕事をする人に必要なものです。

Q29 家庭を持ちたいとは思いません。家庭環境が悪く、愛情をかけられずに育ったせいでしょうか？

「私の家庭には、いいものが何もない」と言う人に何人も会いました。そういう人には「見る目」が本当にありません。いいものがない家庭は、私が見ている範囲ではありません。本人に「見る目」がなくて、見つけ出せないだけです。

どのような家庭環境であったとしても、一片の愛情がなかったら子どもは育ちません。それなのに、家庭環境が悪かったと言うのは、「あっちの家が良かった」「こっちの家が理想的だ」などと、よそと比較しているからです。

「○○ちゃんの家に生まれれば、もっといろんな物を買ってもらえた」なんていうセリフも、くだらない比較以外の何ものでもありません。自分と相手の家を比べて、自分の家にないところを見つけては、ひがんでいるだけです。

いいところがない家なんて、この世に存在していません。家も生命も、いいところがなければ、そもそも生き残っていません。だから必ずある。それを見つけ出すのが最初でしょう。

家庭環境と言いますが、家族みんなが円満であることと、絆が強いこととは、イコールではありません。私が子どものころ、夫婦げんかがない家なんてありませんでした。近所から何人の人がケンカから逃れようとわが家に飛び込んできたことか。殴り合いの大げんかもしょっちゅうでした。

しかし、その時代のほうが、家族の愛や絆は強かった。3章でも言いましたが、愛が強いからこそぶつかるし、ケンカもした。絆を感じているから、本気でやり合えたのです。親が子を愛していれば、子どもの行儀が悪いのを決して見過ごせません。将来、その子が苦しむのが分かるからです。だから叱る。黙っていられないのです。

ところが、いまの親は、子どもの行儀が悪くても黙っています。家庭の平和や円満を優先しているからです。私からすれば「愛がない」としか言えません。

私の父は、私のことを「お前のような生意気な野郎だけは許さん」と死ぬまで言っていました。「こんな時代に何が武士道だバカヤロウ！　お前は頭がおかしい」とまで言われました。

でもそれは、私に対する愛が深かったからです。愛があったからこそ、自分と価値観が違うことを許せなかったのでしょう。

結局、私は父からは勘当されましたが、仕方なかったと思っています。人生観が違うわけですから、それはどうにもなりません。

親と自分は違います。親ですら、子どもがどんな運命を持っているのかは教えられません。だから、人生観が合わないのはむしろ当たり前。運命は、子ども本人が体当たりで見つけていくしかないのです。

私はそうしてきました。父が私を叱りつけたことについては、「愛を受け取った」と思うとともに、私が一生に亘って信念を貫くことが親孝行だと思っています。

Q30 親を好きになれません。それでも親孝行すべきですか？

親孝行を忘れたら、人類は人類でなくなります。動物になってしまいます。

らです。

そもそも、なぜ人類は、動物ではなく人類になれたのか。それは「愛」を実践できたから
人間はみんな、動物として生まれてきます。しかし、成長する中で礼儀を覚え、親孝行するうち、だんだんと人間になっていくのです。

地球上にいる動物の中で、親に育ててもらわないと成人できない動物は、人間しかいません。なぜそんなふうになっているのか、それは、「恩」を分かるためなのです。

ほかの動物は、生まれてから死ぬまで、自然の摂理の中で生きられます。「愛」がなくても成長します。ところが、人間は産み落とされたときから、大人に愛情をかけてもらわなければ死にます。

その愛情に対する「恩」を感じるために、人間は一人では成長できないようにできているのです。ここに人間と動物の決定的な違いがあります。

私が二〇世紀の哲学者の中で最も尊敬しているミゲール・デ・ウナムーノは、「人間以上のものたらんと欲するときにだけ、人間は本来的な人間になる」と言っています。人間は人間のままでは、本来の人間にはなれないのです。生まれただけではただの動物なのです。この動物の状態から人間にまで成長していくわけですが、そもそも幼かった自分に愛

情をかけ、育ててくれた親に恩を感じられないのなら、もはや人間ではなく動物だ、ということです。

自分がどんな境遇で育っていようが、どれほど貧乏な家に生まれようが、どんなひどい親の元に生まれようが、親の「愛」を受けなかったら絶対に大きくなれなかったことを、まず認識する必要があります。

そして、その「愛」に報いるために、親孝行という「恩返し」をする。それが動物としてではなく、人類として生きていく道です。

Q31 「命がけで仕事しろ!」と上司に言われました。過労死しろということでしょうか？　そもそも、命よりも大切な仕事なんてあるのでしょうか？

何をおいても命が一番大切だというのなら、それは動物です。そうではなく、わが命よりも、わが肉体よりも大切なものがあるから、人間なのです。

フランスの哲学者、アランは「魂とは、肉体を拒絶する何ものかである」と言っています。私はこの定義が好きです。これこそが人間だと思います。

魂を持っているのが人間だということは、魂こそが人間の本体だということです。肉体ではありません。そこが動物と違うところです。

では、魂が肉体を拒絶するとは、どういうことなのか。一番分かりやすい例が、戦場での武士の行動です。

人間は、魂を本体としながら、動物としての肉体を持っています。動物の肉体には、自己生存本能が備わっているので、危険なところには行きたがりません。リスクも冒したくない。戦場で斬りつけられるのは怖いから、武士の肉体は「絶対に行きたくない」と叫んでいるのです。

しかし、**武士は自分から率先して戦場に向かい、斬り合いの場に突っ込んでいきます。**

それはなぜか。命よりも大切なものがあるからです。その魂が、肉体の「行きたくない」という叫びを拒絶し、戦場へと駆り立てるのです。

アランは、肉体を捨ててでもやらなくてはならないことをやるのが「魂」だと言っています。日本の武士はまさに、魂のために肉体を捨てて戦ったのです。家を思う気持ちが自分の命よりも大切だから、果敢な行為ができたのです。

家や国のために死ぬことが「魂」だと言っているのではありません。家族でも、地域社会でもいい。要は、肉体が嫌がる「死」を受け入れてまでも、大切なもののために何かをしようとするのが「魂」だということを言いたいのです。

残念ながら、現代に生きる人の多くは、魂を失っています。昔は宗教が「肉体よりも大切なものがある」ことを教えてくれていました。しかし、いまや宗教も死に、その役割を果たしてくれる存在がなくなりました。

「国や大義のために命を捨てるのが道徳の根本」とする考え方もなくなっています。魂のない社会が、広がっているのです。

だからこそ、個人で武士道精神を培うしかありません。肉体が拒絶することであっても、大切なもののために体当たりでやるという生き方をするのです。

できるかできないかは問題ではありません。所詮、すばらしい人間になろうと思ったところで、すぐにできっこありません。私だって、信念のために命がけで死に飛び込んだ昔の武士を思うと、それができていない自分を「男として情けない」と思います。

でも、この情けない自分と対面しながら、命よりも大切なもののために生きるのが、人間なのです。

Q32 宗教を信じると人は救われるのでしょうか？ 宗教は人生にどう役立つのでしょう？

宗教とは、人間にとってイヤなことを突きつけるためにあったものです。「そんなことではダメだ」というメッセージを送り、人間をいさめてきたのが宗教です。

もともと**宗教は、「人間はダメな存在だ」という見地に立っていました。ダメなんだから、もっとより良い生き方を求めなさい、と説いてきた**のです。

例えば、キリスト教は「愛のために死ぬのが人間」と言っています。愛とは、友のために自分の命を捧げることです。つまり、自分以外のもののために生きよ、ということです。武士道で言う「魂の燃焼」のことです。

宗教が厳しい戒律や規律を設けてきたのも、ダメな人間を戒めるためです。要するに、人間が嫌がることをする「損な役回り」を果たしてくれていたのが、宗教なのです。

しかし、人類はいまや、どんどんダメになっています。自分の命が一番だと言っているからです。これは「魂」よりも、肉体という「モノ」が上にあるということです。だから、人間ではなく動物に近い。要するに、人類はみんな「動物化」しているのです。

それを「そんなことではダメだ」と言ってくれたのが宗教だったのですが、残念ながら、宗教はもう瀕死（ひんし）の状態と言えるでしょう。少し前までは、キリスト教も仏教も「人間はダメなんだから、もっと高尚なものに憧れたり、神に許しを求めることをしなさい」と言っていました。ところが、現在の宗教のダメなところは、人類が動物化しているこの現世を「すばらしい」と言っているのです。人気を取りたいからです。

つまり、「人間はダメだ」とする宗教の根本を見失っているのです。どの宗教もそう。逆に、幸福や経済的な豊かさそして安易な差別撤廃を礼賛してしまっています。

私は「宗教は滅びた」と思っています。宗教が宗教として機能していないのです。

宗教が滅びたいま、私は「人類が人類であることをやめる危険性がある」と思っているのです。われわれ人類を人類たらしめたのは、宗教です。それを失ったということは、人類の文明は、まもなく終焉を迎えるということではないでしょうか。

本当に大変な時代に来てしまっていますが、こうなってしまったからには、行き着くところまで行かないとダメでしょう。しかし、そこまで行けば、人類は必ず立ち直ると思っています。今とはかなり違う型の人間としてです。

私はいま、人類の文明が滅びたあとの「次の人間」について考えています。だから、宗教で救われますか？　何が役立ちますか？　という質問には困るのです。現在の人間は、もう宗教を信ずる本当の魂はすべて失っているということに尽きます。

私が伝えたいのは、「次の人間」です。現代文明が滅びたあとの「次の文明の思想」について語ることに、意義があると思っています。

Q33 誇りを持って生きることが大切だと思いますが、どうすれば誇りを持てるのかが分かりません。

偉くなる人は、みんな「自分だけの何か」を持っています。実業家であろうと官僚であろうと、「オレはこう生きる」といったものを持っている。そういう人を見たとき、カッコいいと思います。若者の目から見ても、とても魅力的ではないかと思います。

では、偉い人だけが、自分だけの生き方を持っているのかというと、そうではありません。魚屋や八百屋にもあります。仕事に命をかけている人にはみんなあった。サラリーマンだって例外ではありません。

私が中学生くらいまでは、仕事に命をかけている職人が町に存在していました。一頭地を抜いた一流のプロたちです。そんな職人がいる店は、とても魅力があり、いつも繁盛していました。

私の知っている魚屋さんに、こんな親父さんがいました。子どものころ、うちのおふくろにくっついて買い物に行くと、親父さんが「奥さん、今日はすごくいいマグロがあるよ。赤身はこうで、どこどこで獲れたものだよ」とおふくろに声をかけるのです。

私の実家は、比較的裕福なほうでした。親父さんはそれを見てとって、おふくろに上物の刺し身を勧めてくるのです。おふくろのほうも、「じゃあ、それちょうだいよ」と言ってすぐに買っていました。

これを横で見ていた別の奥さんが、親父さんに「おいしそうだわね、うちにもそれちょうだい」と言うと、親父さんはこう答えていました。「うるせえんだ、このやろう。刺し身なんていうのは、おめえみてえな貧乏人の食うもんじゃねえ」。

いまなら手錠がかかりそうなものの言い方ですが、私はこの親父さんこそが、一頭地を抜いたプロだと思います。自分が誇りを持って勧める刺し身だからこそ、普段からいい物を食べている「味の分かる人」に食べてもらいたかったのです。

子どものころは「なんてひどいことを言うオヤジだ」と思っていましたが、大人になってみると、それが「誇りある生き方」だと気づきました。魚屋という仕事に誇りを持ち、命をかけて打ち込んでいるから、あんな言い方ができるのです。

私が言う「偉い人」とは、肩書きがスゴい人のことではありません。仕事に命をかけて生きている人のことです。命がけだから誇りを持てるのです。

いま、魚屋の親父さんのような、魅力のある人がどんどん姿を消しています。それは、日本人が仕事に誇りを失っているからです。

きれいごとだけ言っていては、誇りは持てません。腑抜けになるだけです。

ほかはいいとしても、ここだけは命をかけている。そうしたものを持つことが、誇りの源であり、魅力ある人間になる道ではないでしょうか。

Q34 実力主義の社風に疲れています。売上や成績がすべてなのでしょうか。

日本のいいところは「成功思想」が少なかったところだと思います。成功ではなく「家族」が思想の中心にある。つまり「大家族主義」が日本の伝統です。

天皇制が最も分かりやすいでしょう。どれだけ経済的に成功しようが、世界的に有名になろうが、天皇の偉大さには誰もかないません。

私の父親の世代までは、家族の中に〝絶対の秩序〟がありました。長男、次男、三男がいれば、長男が一番偉い。例えば、次男が東大法学部を卒業し、官僚として大出世しても、実家に帰れば、地方の小学校で教師をしている長男に頭が上がりませんでした。

こうした秩序があったからこそ、独裁者が出なかったのです。官僚になった次男が家の中で一番偉い、兄貴よりも親よりも偉いとなったら、家族は混乱します。

ところが、時代が進むにつれ、秩序が失われてしまった。秩序がない状態で、変型の家族愛だけが幅をきかせたために生まれたのが、モンスターペアレントです。

これは、わが子さえ良ければいい、自分の家族さえ良ければいいというマイホーム主義です。私の言う大家族主義とはまったく違うものです。

日本は、会社や地域にも「家族主義」を取り入れてきました。いわゆる「大家族主義」です。これが日本の最大の良さなのです。このことに、早く気づくべきです。

強ければいい、儲かればいい、トップになったやつが一番偉いという考え方は実にくだらないと思います。お金を持っているかどうかは、人間の偉大さとはまったく関係ありません。

長男の前では、どんなに成功した次男や三男もペコペコする。まして親には、絶対に頭が上がらない。これが「家族主義」の中での権威です。お金のあるなしで、権威や偉さが決められているのではないのです。

昭和を代表する首相、田中角栄がテレビに出演したときのことです。ふいに新潟にいる母親から電話がかかってきたのですが、角栄はさっと姿勢を正し、敬語を使い最敬礼の状態で電話口で話していました。

この映像を見たとき、感動しました。一国の総理ともあろう人物が、新潟の田舎に住む母親に、頭を下げっぱなしなのです。私は「これこそ日本だ」と思いました。どんなに社会的地位の高い人でも、母親には逆らえない。同じように、日本人は天皇にはかなわない。お金や地位では絶対に超えられないもの、買えないものがあるところが、「大家族主義」の良さです。

売上だけがすべてだなんてナンセンスです。日本人は、「大家族主義」にもとづく秩序を取り戻すべきです。軽薄な出世欲から出る悩みは捨てなければなりません。

Q35 総務の仕事をしています。営業のようにお金を稼いでくる部署ではないので、肩身が狭く、負い目を感じるのですが…。

同じお給料をもらっても、「たったこれだけか」と思う人もいれば、「こんなにもらっていいのか」と思う人もいます。どちらが人間としてより成長するかというと、後者です。イギリスの社会学者、マイケル・ヤングは、「国民が負い目を持っている時代が、最も活力がある時代だ」と述べています。なぜか。負い目によって「もっと良くならなければダメだ」と誰もが思っているからです。

イギリスで貴族社会が衰えてきた一九世紀、貴族の多くは「自分たちが貴族だ」ということに負い目を持っていました。それまでは「貴族が偉いのは当たり前」だったのですが、時代が変わり、貴族という地位がゆらいできたのです。そのため「こんな地位をタダでもらっていいのか」と、負い目を感じていたのです。

負い目を感じると、人は「こんなことではダメだ」「人間としてもっと良くならなきゃ」と思います。これが活力につながるのです。

戦後の日本は、人から負い目を取り除くことばかりやってきました。「そんなに負い目を感じなくてもいいよ」「いまのままで大丈夫だよ」と。これによって、日本人からやる気や誇りがどんどん失われていきました。

負い目を感じなくて良いという言葉は、とても耳触りの良い言葉です。しかし、人間が向上するために必要な「枯渇感」を奪っていることに気づかなければなりません。

戦前や戦後に比べれば、日本は本当に便利になったし、経済的にも豊かになりました。その一方で、人間としてはダメになりました。「枯渇感」がないからです。

ここ最近で、日本人に最も「枯渇感」があったのは、明治時代でしょう。あの頃は「家柄」というものがまだ存在しており、良い家柄を持つ人に、庶民は強烈なコンプレックスを持っていました。それが国の活力になっていたのです。

アメリカにも、活力のある時代がありました。労働者でありながら哲学者であったエリック・ホッファーは、そのことについて伝記でこう語っています。

「一九三〇年代、アメリカには、その日食えるか食えないかの労働者がたくさんいた。彼らはいつも酒場に集まり、酒をくらっている。しかし、自分の境遇を『人のせいだ』『国のせいだ』と言っている人には、ただの一度も会ったことがない」

労働者たちは、自分がダメな人生を送っていることを知っていました。でも、それを一切人のせいにはしない。自分が怠けているからダメなのだ、こんなところで酒を飲んでいるからダメなのだ、ということを分かっていたのです。

この時代のアメリカと、いまのアメリカとはぜんぜん違います。いまのアメリカは、うまくいかないことを何でも他国のせいにしています。だから活力もぜんぜん違います。

自分が貧乏なことを負い目には感じていても、人のせいにはしない。他責にしない人が誰もいない組織や国は、やはり活力と魅力があります。

そうしたところでは、金持ちをけなす人も一人もいません。「あの人は自分の努力で成功したすばらしい人だ」と、無条件で尊敬しています。

「全員に負い目がある時代が、一番良い時代」。人間の存在の深さを思い知らされる言葉です。負い目は、美しい心を持つ人だからこそ生まれてくるのです。

Q36 「正しい生き方をしなさい」と言われますが、「正しさ」が何だか分かりません。正しいとはどういうことでしょうか？

「正しさ」について考えるとき、決して見逃せないのが、神武天皇の「建国の詔」です。国づくりを始めるときの、いわば日本人への指令書のようなものです。

私は、よくこれを見て考えるのですが、詔の中心にある課題は、「正しさを養う」ではないかと思います。それを表す言葉が「養正」です。「正しく生きろ」ではない。正しさを「養う」のです。

神武天皇といえば、武士道の祖と言える人です。その人が提唱した日本人の生き方が、正しさを養う生き方なのです。

——人間は、絶対的に正しいものではない。だから正しくなろうとして、正しさを養いなさい。正しくなりたいと願いながら、もがいて生きなさい——

神武天皇は、こう言っているのだと思います。

「正しくなりなさい」というのは簡単ですが、いかにも押しつけ的です。正しくない人を裁くだけになってしまいます。

そうではなく、**正しくなろうと思って、「努力」や「涙」を積み重ねる。それが「正しさを養う」ということ**です。

私は、この「養う」という考え方が、日本がはるか昔から培ってきた良い思想の一つだと思います。いまの日本人が一番見習わなければならない、と考えています。

自分はぜんぜん正しくないけど、少しでも正しくなるために精進する。その生き方ができれば、これは武士道です。極端なことを言えば、正しくないまま死んでもいいのです。武士道ではそれが許されます。

しかし、だからといって甘えてはいけない。それに甘えきっているのが現在の日本人です。大切なのは、「これで本当に正しいのか…」と枯渇感を持つこと。それが「正しさを養う」ということなのです。

5章 優しさを振りかざす人は優しくない

Q37 チームの中に、仕事ができない人がいます。上司は「別の部署に行ってもらうしかない」と言うのですが、それはあまりにかわいそうだと思います。

ダメなものは切り捨てる。ときにはそれも必要です。そうでなければ、人類は滅びます。歴史を見ても明らかです。

現代の世の中は、良い人ばかりです。昔の人に比べれば、ずっと性格が良い。にもかかわらず、社会がダメなままなのは、ダメなものを切り捨てないからです。

「誰一人切り捨てないのが平等だ」という意見もあります。しかし、切り捨てないとどうなるか。全体のレベルを、ダメなところに合わせるしかなくなります。それしか平等を保てないからです。

日露戦争でロシアのバルチック艦隊を破った連合艦隊司令長官、東郷平八郎は、老朽化した軍艦を惜しげもなく捨て、新しい軍艦だけで戦いに挑みました。そのため、軍艦の数としては、ロシアの艦隊を大きく下回っていました。

一方、ロシアは、古い軍艦も最新の軍艦もいっしょになって戦線に出ました。古くてダメなものを捨てきれなかったからです。数に頼ったのです。しかしそのために、古い軍艦に性能を合わせなければならず、戦力が落ちてしまったのです。

数でいけば圧倒的に負けていた日本艦隊が、ロシアに打ち勝ったのは、使いものにならないダメなものを切り捨てたから。これが理由なのです。

人間は、どこかでダメなところをしっかりと心に打ち込まれなければ、発展しないと思います。できるだけ若いうちから「お前はここがダメなんだ」ということを打ち込まれておく。それを跳ね返そうとするのが、人生ではないでしょうか。

跳ね返すことができず、ダメなところで負ける人もいます。これは仕方ない。問題は、**負けた人をすべて生かそうとしてしまうところです。これでは、全員そろって腐ったリンゴになるしかありません。**

「ダメなものを切り捨てる」というのは、ダメなものと良いものを一緒にしない、という考え方です。捨てるというと聞こえは悪いですが、分ける、別にするというイメージです。要は「混ぜない」ということです。

かわいそうだから、みんな平等なのだからといって、ダメなものを良いものの中に残し続ける。そんな傾向が日本にはあります。しかし、それをすれば全体がダメになってしまうのです。

Q38 まわりから「良い人」と言われる人間になりたいです。どうすればなれるでしょうか？

結論から言うと、まわりから「良い人」と言われる人は、何の役にも立ちません。少なくとも、他人の役には立っていません。

誰かのために尽くす人は、自分の評価を落としてでも、他人のために働きます。それをあえてやるようなド変人が、本当の意味での「良い人」です。

まわりから「良い人」と言われたいということは、自分がそう評価されたいと思っているに過ぎません。要するに、他人のためではなく、自分のためにやりたいのです。つまり、エゴイズム。だから、他人の役に立たないのです。

みんなに良いサービスを提供したい。みんなに成功してほしい。そうした利他を実践するのと、良い人になるのとは別のことです。わが身を捨てて何かに尽くすには、「良い人になりたい」という自己中心的な考え方を持っていたのでは、到底実践できないのです。

武士道では「自分の与えられた運命に、命がけで体当たりする」ことが説かれていますが、これは、自分のためにそうせよ、ということではありません。自己中心とは反対の考え方です。

なぜなら、命をかける相手は、自分自身ではなく、家族、友達、あるいは会社や国家だからです。それ以外にはありません。

武士道というのは、一つの「人生論」です。自分の命を何に捧げるかを探すことでもあります。そのために、偉人の生涯を描いた本を読み、哲学書を読むのです。良い人になったり、優等生としての生き方を身につけるためではありません。

要は、「良い人」をめざすのではなく、「崇高」や「高貴」であることを求めよということなのです。そのためには、金銭を捨てる。名誉を捨てる。幸福を捨てる。人間は弱い生き物なので、これらへの感心を手放さない限り、崇高な生き方はできないのです。

常識のある人、立派な人とまわりから褒めそやされる人は、だいたい崇高ではありません。そういう「利口な人」には、わが身を捨てて誰かのために行動するなんて、バカバカしくてできないでしょう。

私は、松下幸之助が、崇高な生き方を求めた人だと思っています。しかし、あまりにも成功しすぎてしまったがために、日本を代表する人物になってしまったがために、身動きがとれなくなってしまった。本当は「良い人」ではないのに、「良い人」としてしか振る舞えなくなったのです。

幸い、私は松下幸之助のように、国の看板を背負っていないので、好きなようにやりたい放題やっています。「良い人」になるつもりなど、毛頭ありません。

Q39 すべての人に「平等に接する」ことが大事だと思います。どうすればそれができるでしょうか?

「平等」という言葉は、民主主義の中でたびたび登場します。平等を追求するのが民主主義だとも言われます。

しかし、そもそも民主主義とは何か。ここを捉えずして、平等を語ることはできません。

民主主義はもともと、宗教から起こっています。三大宗教と呼ばれる仏教、キリスト教、イスラム教の根源的な考え方が、民主主義です。

その中から「許し」の部分だけを切り取ったのが、民主主義に登場する「平等、優しさ、人権」といったものです。釈迦、キリスト、マホメットなどが、それを説いてきました。

つまり、民主主義とは、宗教の一部なのです。神の掟という厳しさを持った宗教の中で機能していたからこそ、良い方向に行けたのです。

ところが、現在の民主主義は、宗教とは離れてしまい、神を忘れ、「許し」の部分だけが一人歩きしてしまっています。人間の欲望が「神」に勝ったからです。

「神」とは、自然の掟であり、宇宙の法則です。宗教で「神」と崇めてきたのは、仏像でも十字架でもなく、自然界の掟や法則なのです。

これらは本来、とても厳しいものです。例えば、われわれは生きるために、ほかの生き物を殺さなければなりません。肉を食べないベジタリアンや、動物性のものを口にしないヴィーガンも、何かを殺して生きています。良いも悪いもありません。それがこの世の法則です。

人間の体を守ってくれる免疫システムもそうです。人間の体の中では、免疫が他の細菌を毎日殺しています。それによって、われわれは生きることができます。

こうした自然界の法則が、宗教のもととなっています。だから、人間が平等や優しさといった「許し」、つまり甘えを蔓延させようとすると、宗教の中にある「神の厳しさ」がそれを叩いていたのです。

ところが、甘えを求める人間の欲望のほうが強くなり、民主主義はだんだんと宗教から離れ、厳しい存在である「神」が不在となりました。その結果、**民主主義から「厳しさ」がすっぽりなくなり、「甘え」の部分が大きくなってしまったのです。**

民主主義とは本来、すべての人に合わせることではなく、人を道徳的に指導するものです。しかし、いま民主主義は、宗教の厳しさを失ったまま、政治手法として取り入れられています。

民主主義は、人を甘やかすために使うのではなく、「いい人生」を送るために使うから意味があります。それでこそ、「平等」が機能するのではないでしょうか。

Q40 職場で全員の意見を聞こうとするのですが、ぜんぜんまとまりません。「あっちを立てればこっちが立たず」という状態になり、何も決められず困っています。

全員の意見を聞こうとしているのは、民主主義的に事を運ぼうとしているからでしょうか。もしそうであるなら、あなたは民主主義による弊害に陥っています。

日本人は、民主主義をうまく使いこなすことができる民族です。しかし、非常に大切なものを失っているために、うまく使えていないのです。

非常に大切なものとは何か。それは「武士道」です。

明治時代、日本人がヨーロッパに留学したとき、ヨーロッパの人々から非常に尊敬されました。キリスト教を信じるヨーロッパの人々と同じ道徳を持っていたからです。その道徳こそが「武士道」です。決断の思想。嫌われることを厭(いと)わぬ思想ということです。

キリスト教徒、特にプロテスタントの人々は、大変厳しい規律の中で生きています。一人ひとりが心の中で「神」と対面しているので、すごく厳しいのです。道徳や良心といったものを、規律を通して持ち続けなければなりません。

ここが「武士道」と相通じるところなのです。明治の日本の人々は、武士道を生き方の根本に置いていたからこそ、ヨーロッパの人々に受け入れられたのです。

前項で述べたように、民主主義は、厳しさを備えた「神」を持ってこそ機能します。道徳や良心があるから、民主主義がうまくいくのです。

日本では、日本人の生き方である「武士道」が、道徳を示してくれていました。武士道は、決して生やさしいものではないし、甘えもありません。私が「日本は民主主義を使える」と言っているのは、日本の人々が武士道精神を根底に持っているからです。

しかし残念ながら、現在の民主主義は、武士道の精神を失っています。大衆が欲するものや欲望に合わせて政治を行うのが民主主義だと、誤解しています。

民主主義は、心に道徳を持っている人が使ってこそ、意味を成します。スペインの哲学者であるオルテガは、民主主義をきちんとやれる人は、自分から進んで国家の困難を引き受け、義務を自分で引き受ける人間だというようなことを述べています。

逆に、権利を主張してむさぼり食う連中はダメだ、とも言っています。オルテガはこういう人のことを「大衆」と呼んでいました。

民主主義を主張し、権利を主張する人の心に、道徳や良心がないのなら、それはむさぼり食う人イコール大衆です。大衆に、民主主義を当てはめる必要はありません。

Q41 「地球への優しさ」が求められる時代になってきました。でも、地球に優しくすればするほど、人間生活が窮屈になる気がします。

地球には、自然の掟、法則というものがあります。いま世界で起こっている地球温暖化の問題や原発汚染の問題は、これらの掟に反するものです。

それなのに、なぜ止まらないのでしょうか。それは、民主主義が広がる中で、人間が「神」になってしまったからです。

宗教には「神」がいます。人間という存在を乗り越えてしまっているものを「神」と呼んでいます。しかし、現代の民主主義には「神」がいません。民主主義自体が「神」になっています。言い換えると「人間が神だ」となるのです。

これによって起こっているのが、環境問題や原子力発電所の問題です。「われわれ人間が神なのだから、われわれは何をやってもいい」ということになってしまう。原発をつくり、自然界に還元不能な物質がどんどん増えてもやめない。自分を神だと思っているから、そんなことができるのです。

「神」とは、問答無用の真理です。人間はわがままをするけど、やってはいけないことがある。それを「道徳」「良心」「義務」としてきたのが、人間の歴史です。宗教では、それらを「神」としたのです。

でも、そうした**「神」の心を失ってしまった人間がいま、神となっている。だから地球を滅ぼすようなことが起こっているのです。**

人に優しくするのが民主主義なら、「神」のいない民主主義は、単なるワガママ病です。それが地球を壊しつつあります。

では、どうすればよいか。心の中に「武士道」を持ち、個人の良心によって、個人が立ち上がり真の民主主義を行うのです。

人間が神である以上、自分の良心と対峙し、やってはいけないことを認識しなければなりません。好きとか嫌いの問題ではありません。宇宙の秩序や生命の真理を「裁く人」として、自分たちのやっていることを裁いてもらうのです。

神がいなくなった時代、自らの魂と良心を「神」とする生き方ができるかどうか。それが分かれ目です。つまり、窮屈なのが真理なのです。

Q42 さまざまなコロナ対策が行われていますが、これらは本当に「国民のため」になっているのでしょうか?

私には、国民を押さえつけようとしているようにしか見えません。外出自粛も営業自粛も、国家が下らない権力を振るっているだけではないかと思います。

本当に自粛をするなら、まず政治家と官僚が率先してやるべきです。テレビ局にしても、視聴者には「人との接触を八〇%減らしましょう」と言っているのに、自分たちは取材活動も自由にし、会社にも出てきて番組をどんどん放送しています。

本気で自粛するなら、政治家は八〇%を自宅で過ごす、テレビ局も八〇%の放送を取りやめる。そこまでやって初めて、人に「自粛してほしい」と言えます。

それなのにやらない。政治家や官僚は「自分たちの仕事はテレワークだけではできない」と言います。しかし、その人たちの仕事だけではなく、すべての仕事がテレワークだけでは完結できません。

仕事というものは、命と命がぶつかり合ってできるものです。それをやめさせておいて、自分たちはやっている。それでいて、その日の売上が立たないとやっていけないラーメン店に「営業してはならない」と言っているのです。

一〇万円を全国民にばらまくなんて、話にならない政策です。あのお金をすべて医療に投入すれば、一二兆円を医療体制の充実に振り向けることができました。そうすれば、現在のような医療の逼迫を防げたはずです。

何人感染しようが必ず今だけは助ける、という覚悟をもって、国のお金と権力を使う。そうすれば、国民生活を止めるようなまねはしなくてすんだはずなのです。

なのに、なぜこんなことになっているのか。私は、死生観が定まっていないことに原因があると思っています。死生観がなければ、生き方の軸が分からないからです。

死生観を説明するとき、よく使うのが、曹洞宗を開いた道元の言葉「花は愛惜(あいじゃく)に散り、草は棄嫌(きげん)に生(お)ふるのみなり」です。

どんなにすばらしいもの、どんなに人々が愛するものでも、すべての物事は散り果てていく。そして、どんなに嫌いでも、イヤでも、生まれてくるものはどんどん生まれてくる。まずそれを受け止めなければいけない、ということです。

これが死生観です。イヤでもなんでも、コロナのような感染症はどんどん流行り生まれます。まずそれを受け止める。ここが分かると、どんなコロナ対策を打つべきかが見えてくるのではないでしょうか。

Q43 人には優しくすべきだと思います。しかし、優しくしすぎてはいけない気がするのですが…。

この問いについては、歴史を紐解きながら答えていきます。時代をさかのぼってフランス革命の話をします。このとき、ヒューマニズムの精神「自由・平等・博愛」が生まれました。

フランス革命では、革命家のロベスピエールが活躍しました。彼は演説で「死は不死の始まり」と言いました。魂のために死ねば、それは永遠に残る。つまり不死だ、という意味です。

ロベスピエールは、死ぬ気でフランス革命に臨んでいたのです。「自由・平等・博愛」を生きようとしていたのではありません。その思想を残すために、死のうと思っていたわけです。

これはまさに「武士道」です。ロベスピエールは、自分の肉体が大事だとは思っていなかった。それよりも大切な魂のために、自由のために立ち上がったのです。

ヒューマニズムとは何か。私は、ロベスピエールが実践した武士道の中に、答えがあると思っています。要するに、自分の命が一番大事だという考え方ではなかった、ということです。ここがとても重要なポイントです。

自らが生きる権利より大切なもののために、肉体を捨てる覚悟を決める。それが結果として「自由・平等・博愛」を生んだ。これがフランス革命の真実です。

私は、**命を捨てる覚悟が土台にあるものが、ヒューマニズムだと思っています。その覚悟がないものは、ときとして「悪」になります。**

現在の民主主義のベースをつくったジャン＝ジャック・ルソーの著書『エミール』の中に、こんな言葉があります。

「すべての悪は弱さから始まる」

すべてのダメなもの、悪いものは、弱さから来ているということです。それは「優しさ」も同じです。弱さから来ている優しさは、結局は「悪」になってしまうのです。

私は、日本の政治家に「すべての悪は弱さから始まる」という言葉を胸に刻め、と言いたい。今回のコロナ対策の失策は、まさしく弱さが生んだものだからです。

日本は、コロナ感染を水際で防ぐことに失敗しました。このことを、政策の中心にいる人は認めていません。認める強さがないのです。弱いのです。ロベスピエールのような覚悟ができていないのです。

この弱さが、間違った政策を導き出しました。政府は国民に向かって「感染しないために、外に出るのは控えましょう」「八〇%の人と接触を断ちましょう」と言っています。

一見、国民思いの優しい政策のように思えますが、八〇%の人との接触を断つなんて、できるはずはありません。何日も外に出ず、人と会わないなんて不可能です。

それなのに、やれと言っているのは、国民への優しさからではなく、自分たちの失敗の責任を、国民に押しつけようとしているからではないでしょうか。

無理なことを押しつけ、それができなかったときには、「みなさんが協力してくれなかったから、申し訳ないけど、コロナは撲滅できませんでした」と言うでしょう。見え透いています。

自分たちは権力を持っているくせに、水際で食い止める勇気もなく、しくじったことを、なかったことにしようとしている。これは権力者としての弱さであるし、「悪」です。

私は思います。権力を持っているすべての人は、「悪は弱さから来る」ことを分かるべきだと。これを分からずして人に優しくすると、その優しさは、時として悪を生みます。

Q44 後輩への接し方に悩んでいます。優しくしたほうが育つのでしょうか。それとも厳しくしたほうが育つのでしょうか。

先輩や上司の厳しさは「愛」です。それにくじけてしまうようでは、相手にその「愛」を受け取る力がないということです。

優しさ、厳しさについて、こんな事例があります。知の巨人と言われた文化人、渡部昇一氏の長男で、世界的なチェリストの渡部玄一氏と対談したとき、玄一氏は、多くの音楽家が経験する「厳しい練習」について、あるエピソードを話してくれました。

玄一氏の先輩が、チェリストの巨匠、ピエール・フルニエのもとで修業していたときのことです。その先輩は、さんざん練習させられたあげく、フルニエに「ダメだ、ダメだ」とダメ出しされて、ついに切れてしまったことがあるそうです。

遠く日本を離れて、一人フランスで修業するというプレッシャーもあったのでしょう。先輩は、「私は、なぜこんなにたくさん練習しなきゃいけないのか、分からないです！」と叫んだそうです。

すると、フルニエはこう答えたそうです。

「それはね。優しい人間になるためだよ」

私は、これが「愛」だと思います。玄一氏は会話の中で、こう続けました。

「例えば『一〇〇〇回練習したら弾ける』と言われて、一〇〇〇回カウントして練習したのに、できなかったりするんです。あるいは練習でよくできたことが、本番で大失敗することもあるんですね。そうすると、それらが恐怖になり、過度にプレッシャーがかかったりもする。

そういうときでもフルニエ先生の言葉を思い出すと、すごく勇気が出ますよね。優しい人間になれるかどうかは、検証していないから分かりませんが、『こんなに練習するのは優しい人間になるため』だというなら、それはいいことだと思うわけです。『自分が成功するため』といった直接的なことよりも、もっと内面的な目標なり、結果を示しているので、すごくいい言葉だと思います」

フルニエが言った「**優しい」とは、いまの日本人が思っている優しさとは違います。甘い人間になれ、ということではないのです。**

「愛」とは厳しさです。厳しい練習に耐え、音楽が人間に与えてきた「愛」を受け取れるような、そんな人間になれ。それがフルニエのメッセージではないでしょうか。

バッハは、わずかなロウソクの明かりしかない時代に、膨大な中世の音楽を写譜し、ついには失明しました。なぜそんなことができたか。おそらく、人類のために残されたものを、後世に伝えなければならないという義務感だったと思います。

そういうものが「愛」です。それを受け取れる人間を育てるのが、上司や先輩の優しさであり、愛です。

Q45 もっと弱者に優しい社会であるべきだと思います。社会保障を充実させたほうが良いのでは？

はっきり言いますが、現代文明の行き詰まりには、社会保障の問題が大きく影響していると思っています。

昔から「働かざる者、食うべからず」という言葉があります。これは人類が始まったときからの鉄則なのです。しかしいまは、社会保障という名のもとに、働かない人が堂々と食べています。

人の一〇倍働けば豊かになり、働かなければ貧しくなる。これが当たり前なのですが、現代人は「それはかわいそうだ」と言う。だから「みんな平等に」と言うのです。

動物社会では、肉体的に強いものがたくさん食べ、弱いものは食べられない。これが自然の法則です。良いも悪いもありません。人間には顔が一つあって、手が二本あって…と同じレベルの話です。

ところがいま、**すべての人は平等だ、というおかしなヒューマニズムのもとで、働く人も働かない人も、すべて同じになっています。こうした社会が、終わりを迎えないほうがおかしい**と、私は思っています。このまま行くと、間違いなく現代文明は滅びます。

そんな中で、われわれが思い出さなければならないのは、「動物と人間の差は何か」ということです。つまり「人類とは何か」です。

なぜ人類は、動物ではなく人類になれたのか。それは「魂の鍛練」を実践できたからです。「魂の崇高」のために自分の肉体を犠牲にし、神に向かうことができたから、人類だったのです。

先にも話しましたが、スペインの哲学者ミゲール・デ・ウナムーノは、「人間以上のものたらんと欲するときにだけ、人間は本来的な人間になる」と言っています。限りなく上を目指す人間になろうと思うところが、人間の人間たるいわれなのです。

地球上の生命の中で、親に育ててもらわないと成人できない動物は、人間だけです。なぜそうなったかというと、「恩」を分かるためだと前にも書きました。

ほかの動物は、生まれてから死ぬまで、自然の摂理の中で生きられます。ところが、人間は産まれたときから、大人に愛情をかけてもらわなければ死にます。その愛情に対する

「恩」を感じるために、人間は一人では成長できないように創られているのです。

だから、いまどんな境遇にいようが、どれほど貧乏だろうが、どんな親の元に生まれようが、自分が「恩」を受けたことによって成長してきたことを、まず認識する必要があります。それはすべて、自分に与えられた「運命」を愛するために必要だからなのです。社会保障の充実は、この働きを阻害するものだと知らなければなりません。

6章 戦いに勝つ考え方

Q46 人生の勝ち組になるとは、どういうことでしょうか？

武士にとっての「本当の勝ち」とは、武士道の貫徹です。それを実践することが一番の成功です。戦いに勝つか負けるかは、言ってみれば〝ついで〟です。

武士道はこの世を生き抜く者の思想なので、戦いに勝つための自己鍛錬を重んじています。しかし、勝つことが最終の目的ではありません。あくまで武士道の貫徹が目的です。

主軸が武士道の貫徹、つけ合わせが勝利、と言えば分かりやすいでしょうか。主軸さえはずさなければ、つけ合わせは自由に選んでいいわけです。だから、武士道を重んじた武将たちは、非常に自由な戦い方をしています。

真田幸村、楠木正成などがいい例です。勝つための発想がものすごく自由。武士道の貫徹がすべてなので、「負けたらどうしよう」なんて考えていないのです。だからこそ、萎縮することなく、発想を解放し、自由自在な戦い方ができたのです。

私の場合も、武士道の貫徹だけが使命だと思っています。自分に与えられた宇宙的使命だと思っているので、これを貫く以外のことは、すべて〝ついで〟です。

事業の成功もまた〝ついで〟です。わが社は運良く良好な業績を上げていますが、これは結果論に過ぎません。わが社の事業を応援してくれる人の人生に、会社としてどのくらい尽くせるか。そこに体当たりすることだけが重要だと思っています。業績が上がろうが上がるまいが、そこはまったく重視していません。

だから私は、創業以来三七年間、決算書を一度も見たことがありません。結果に焦点を当てていないからです。わが社に来てくれるお客さん、つくり上げている商品、事業に降りかかる運命に体当たりすることに焦点を当てています。

社員にも、売上を上げろなんてことはまったく言わない。うるさく言うのは「誠心誠意」「体当たりする」ということだけです。

お客さんのために全力で尽くし体当たりし、それがお役に立ったのなら、儲かるのは当たり前です。おかげで人生が良くなったというお客さんがたくさんいるから、わが社の業績が上がっているのです。儲けようと思って儲けているのではありません。

お客さんの役に立てたか。社会の役に立てたか。ここに毎日体当たりするだけです。成功を考えてやっているわけではない。体当たりして、みんなが喜んでくれて、製品がどんどん売れて、わが社との出会いが人生最大の生きがいだと言ってくれる人がいれば、成功なんて考えなくても成功します。

本当に人の役に立つものをつくって提供すれば、売れるし、儲かります。「儲かるためには」「成功するためには」なんて考える必要はありません。

人の役に立てるかどうかに心底から体当たりする。それで儲からないのであれば、人の役に立てるものを提供できていないか、ちゃんと体当たりできていないだけです。

Q47 信頼を勝ち取ることが、仕事で最も大切なことだと思います。どうすれば圧倒的に信頼されるでしょうか?

お客さんや関係者に対して、絶対に約束は守る。嘘はつかない。それを大事にしていれば、会社への信頼は必ず高まります。信頼がないのは、自分のことばかり考えて、ずるいことばかりやっているからでしょう。

私は経営学の本を一冊も読んだことがありませんが、それは、経営において重要なのは、「約束を守る」「嘘をつかない」「人の役に立つことに体当たりする」ことだと思っているからです。つまり、武士道を貫けば、経営はおのずと伸びるのです。

武士は、どれほど自分が損をしても、一度約束したものは守ろうとしました。一緒に戦うと約束をしたら、たとえ負けると分かっていても、ともに戦う。そのような態度を貫いたから、相手に信じてもらえたのです。

私が信頼する歴史的人物の一人に、第一次世界大戦の撃墜王と称された、ドイツの戦闘機パイロット、マンフレート・フォン・リヒトホーフェン男爵がいます。この人も、武士道（騎士道）を貫いた人です。

ある空中戦で、男爵が敵機と相対したときのこと。いざ戦おうというとき、敵の機銃が故障していることが分かったのです。すると男爵は、相手とは戦わず、そのまま引き返してしまった、という実話が残っています。

敵機を打ち落としたほうが、勝利者として誉め称えられるかもしれないのに、そうはしない。なぜなら、機銃が故障した敵機を打ち落としても、国の名誉にはならないからです。

本当に国のためになるのは、人間として崇高な魂を示すこと。誰が見ても美しいと思う、人間として尊い生き方をすると約束し、実践すること。それをやってのけたからこそ、男爵は時を超えて信頼される人物となったのです。

信頼は、すべてにまさる価値です。**約束を守ることが、事業成功の源と言ってもいいでしょう。**ただし、成功するために約束を守るのではありません。人間として、そういう生き方をすることが目的です。

私は、軽々しくは約束しません。約束したら、死んでも守らなければならないからです。安請け合いして約束を反故（ほご）にすれば、「調子のいいやつ」だと言われ、信頼をなくしてしまいます。だからなかなか約束を取り付けない。これによって嫌われるなら、もう仕方ありません。

相手が約束を守るかどうかも、関係ありません。相手がどんなに約束を破ろうが、自分は守る。わが社が発展したのは、ずっとこの生き方を貫いてきたからだと思います。

もし、約束をして守れなかったらどうするか。そのときは、どうしようもない卑怯な自分と直面するだけです。そんな自分をこれからどう立て直していくか。それが人間としての責任です。

Q48

ビジネス社会で勝つためには「会社選び」が重要だとつくづく思います。会社選びに失敗しないためには、どうすればいいでしょうか。

武士道で重要なのは、成功や失敗ではありません。いったん自分が選んだのなら、そこに自分の人生と命を捧げる。大事なのはそこです。

選んで命を捧げた結果、失敗したのだとしたら、それは運命です。『葉隠』でいう犬死にになるかもしれませんが、それはそれでいい。『葉隠』の武士道では、犬死にOKです。

そもそも、自分が信じて選んだものに命を捧げて失敗した人のことを、失敗者だと言うでしょうか？　愛、友情、信念のために死ぬことを、失敗だと捉えるでしょうか？

答えはノーでしょう。愛や友情のために死ぬ。これは見事な生き方だと誰もが言うでしょう。つまり、成功なのです。犬死にと言われようが何と言われようが、武士道がめざす「生命の燃焼」というところでいけば、大成功です。

たとえ負けると分かっていても、命をかけたもののために体当たりする。武士道で説かれているのは、そうした生き方です。勝利するためではありません。自分が選び、大切に思っているもののために、命がけでぶつかるのです。

武士道を貫いた人は、全員そんな生き方をしてきました。新選組の土方歳三も、南北朝時代の武将である楠木正成も、みんなそうです。自分が選んだもののために、負けると分かっている戦いに打って出ました。

彼らの人生を「ダメな人生だ」と言う人は一人もいません。むしろすばらしい人生だと言って称えます。なぜか。命を燃焼させ、燃え尽きた人生を送ったからです。人はそこに激しく共感するのです。

いまの人はとかく、成功するか失敗するかで物事を判断しますが、そこはまったく重要ではありません。一番大事なのは、信義に生きること。信念を貫くことです。

勝利するかどうかは結果論です。勝つことにこだわるのを悪いとはいいません。しかし、第一弾、第二弾があるとするなら、勝利は間違いなく第二弾です。第一弾は、あくまで信念の遂行です。

友達でも愛でも、選んだら命をかける。負ける覚悟をもってやる。信念の遂行とは、そういうことです。

命がけとは、そのくらいすごいことですから、命を捧げる相手は、やはり慎重に選ばなければなりません。どうでもいい人に、人間は命なんてかけられません。「こいつのためなら死んでもいい」と思う相手を選ぶ。そして命をかけると決める。これが重要です。

Q49 プロジェクトが行き詰まっています。あきらめず、このまま続けたほうがいいのでしょうか。それとも、きっぱりやめたほうがいいのでしょうか。

人生はうまくいかないことの連続です。それが普通です。目をそらしてはいけません。まずは「うまくいかない」という事実をきちんと認めることが重要です。

その結果、失敗したと思うのであれば、それまで投じてきたものすべてを捨てる。かけてきた労力、時間、お金、これら全部を捨てるのです。これしか前に進む方法はありません。

人間の心の中には、「失敗したけど、もしかしたらまだやり直す余地があるかもしれない」「もう一回やってみたら、うまくいくようになるかもしれない」という欲があります。だから、事業でも仕事でも何でも、失敗したからといって、すぐに手放すことができないのです。捨てるのがつらいからです。

しかし、失敗はいわば「お荷物」です。持ち続ければ続けるほど、損をしてしまいます。重いお荷物であるほど、動けなくなって立ち往生します。そのために、先に進めなくなってしまうのです。

失敗したものを捨てることを躊躇していては、会社はつぶれます。思い切ってどぶに捨てる。それが全体を救います。

日本はいま、とても大きな失敗の中にいます。その一つが原子力発電所問題でしょう。原発は、経済の問題ではありません。命の問題です。

それなのに、政治家はこぞって経済問題にしようとしています。「原子力発電のほうが二酸化炭素の排出量が少なくてすむし、生産性が良い」と言っています。先行投資した数十兆円を捨てるのがもったいないから、命の話を経済の話にすりかえています。

原発は、人の命をおびやかす失敗作です。たとえ何十兆円かけたものであろうが、捨てなければなりません。投資したものを惜しんでいたら、人の命がどんどん失われていきます。失敗にこだわって捨てるのをしぶる人が、国や会社をつぶすのです。

失敗に「完全な失敗」はありません。何かはうまくいかないけれど、何かはうまくいっています。だから、完全に捨てることがなかなかできない。ずるずると引きずり、迷い、躊躇します。

そんなときこそ、勇気を出すのです。

私は一度だけ、やり始めた事業がうまくいかず、深みにはまったことがあります。しかし、勇気を出して、かけてきた労力もお金もきれいさっぱり捨てる決断をしました。すると、捨てたあとに、もっと良い事業が生まれてきたのです。いまそれは、とてもすばらしい事業へと大きく育っています。

もしかしたら、捨てなくても、何らかの売上にはつながったかもしれません。しかし、もっと大きな事業の幸運が入ってくることはなかったでしょう。

ものごとには順序があります。必ず悪いものを切ってからでないと、良いものは入ってきません。

捨てることによって、次の運がやってくるのです。

Q50 いくら勝つためとはいえ、卑怯なまねはしたくありません。でも、いまの会社にそれを分かってもらえず、困っています。

卑怯、卑しさというのは、残念ながらいまの日本の体質になっています。しかも、その卑しさにほとんどの人が気づいていない。これは非常に根の深い問題です。

戦後の日本を見てみると、なぜ日本が卑しくなったのか分かります。日本はアメリカと日米安全保障条約を結び、自分の国を守るために戦う道を放棄しました。信義ではなく、損得を取った。まずここに、卑しさの根があります。

一九九〇年に起こった湾岸戦争のときは、日本の自衛隊は、世界第二位の軍事装備を持っていたのにもかかわらず、それを使いませんでした。そして、日本の装備の一〇分の一も持っていないオランダ軍に守ってもらいました。

これを「恥ずかしい」「卑しい」と思わない国民が、いまの日本人なのです。自国にとって何が得かを優先し、卑しさと向き合わなかった結果、こうなってしまったのだと思います。

戦わないのは憲法第九条があるからだ、と言うかもしれません。しかし、本当に戦いを放棄するなら、なぜアメリカの武力をバックに、中国や北朝鮮を牽制するのでしょうか。本当に平和を貫くなら、国土を外国に取られようが、文句は一切言わないはずなのに、竹島の領土問題一つで大騒ぎしているのはなぜでしょうか。

答えは一つ。戦争放棄も平和の貫徹も、嘘だからです。

卑しさは、嘘から引き出されます。昔から「嘘は泥棒の始まり」と言いますが、これは真理です。泥棒は卑しさの代表例ですから、「嘘は卑しさの始まり」と言い換えてもいいでしょう。

国の中にある卑しさ、自分の中にある卑しさを自覚することが、第一歩です。では、自覚するにはどうすればいいか。私は、読書を通じてそれを成し得てきました。『葉隠』もそう。自分がすばらしいと思う生き方をした人の本をたくさん読み、対話し、つかんできました。

私はいまでも膨大な量の読書をしますが、なぜ読むのかというと、自分の無知、卑しさ、ふがいなさと日々対面するためです。そうしなければ気づけないし、克服なんて到底できません。

卑しさに気づいたら、人は立ち上がれます。「お前は卑しい」と言われるのは、誰だってイヤですから。

重要なのは、国が立ち上がるのを待つのではなく、一人ひとりが立ち上がることです。立ち上がれるかどうかは、国の問題ではなく、個人の問題です。

私がこの話をすると、「執行さんの言うことは確かにその通りだ。でも、いまの世の中、それは通りませんよね。自分が立ち上がっても、まわりには分かってもらえません」という人が必ずいます。

だからダメなのです。**分かってもらう必要なんてありません。会社にも家族にも分かってもらえなくていい。通す必要もない。ただ自分が立ち上がればいいだけです。**

日本国民全員が卑しくても、自分だけは違うという気概が必要なのです。信念を貫くとは、わが道を行くとは、そういうことではないでしょうか。

Q51 仕事で大失敗しました。私は人生の「負け組」なのでしょうか。

何度も言いますが、武士道がめざすものは、勝ち負けではありません。「生命の燃焼」を貫くことです。

「生命の燃焼」とは、毎日死ぬために生きるということです。つまり、死と隣り合わせで生きる「死の訓練」こそが人生なのです。

私が武士道を実践して得た最大の悟りは、自分の生命と自分の運命以上に尊いものは、この世にはないということです。尊いとは、大切だということではありません。自己責任の根源をつくっているという意味です。

人間の生命は、すべて自分に責任があります。自分の運命についても、親の責任でもなければ、先祖の責任でもありません。自分に責任があります。

がんばったけれど負けてしまった、というのも運命でしょう。自分が不覚を取って負けてしまったのです。誰のせいでもありません。

その運命を受け入れ、どう乗り越えていくかです。どんな人にも、多かれ少なかれ欠点はあります。負けを喫するということもあるでしょう。それをどう巻き返すかが人生論です。誰かのせいにするのではなく、自分で自分の人生を歩いていく。つまり、自分が人生の主導権を持つということです。

自己責任のもと、尊い命を何に捧げるか。これが真心であり、その行動が体当たりです。体当たりというのは、失敗を覚悟でやるものです。そう思っておいて間違いありません。武士道に流れる体当たり思想とは、成功するための思想ではないのです。

人間は、自分自身がやった失敗体験からしか、生きる知恵を得ることはできません。だから、なるべく早い時期から体当たりし、どんどん失敗したほうがいいわけです。

私は大学生のとき、文学仲間で大激論を交わしていました。その結果、けんかになることがよくありました。本音でぶつかり、けんかになる。そんなことを繰り返していました。しかし、そうやってきたからこそ覚えられたこと、得られたものが沢山あります。

武士道もまた、「自分が失敗して覚えていくしかない」と説いています。誰かの失敗から学ぶのではなく、自分が失敗して学ぶのです。他人の失敗から学ぶことは、残念ながらできない。なぜなら、他人と自分では「運命」が違うからです。

負ける、人に嫌われるという失敗も、非常に重要なことです。なぜ負けたのか、どういう人にどう嫌われたのかを振り返ることで、自分というものが分かるからです。

多くの人は「どうやったら失敗しないか」ということばかり気にかけていますが、あえて失敗するような人生を送ってみるといい。いろいろなことが分かります。

Q52 会社が官僚主義に侵されています。このままでは勝ち残っていくことはできないと思うと、会社に腹が立ちます。

よく「会社のここがダメだからうまくいかないんだ」とか、「こういうところがイヤなんだ」という人がいます。そういう人に限って、きれいごとばかり言っています。

人間に欠点があるように、どの会社にも欠点はあります。すべてが美しいなんてことはありません。汚れた部分はあるし、表面からは見えない裏の部分もあります。

多くの会社には「理念」があります。何年も続く会社の場合は、古くから受け継がれてきた「伝統」もあるでしょう。こうした「理念」や「伝統」は、言ってみれば「きれいごと」です。

しかし、それがつくられてきた歴史の中には、たくさんの「汚れたもの」があります。汚点が一切ない会社などありません。その汚点を、誰かが責任を持って飲み込んできた。だから「理念」や「伝統」が残っているのです。

それなのに、そこには目を向けず、「会社は汚れているけど、オレはきれいなんだぜ」と言わんばかりの人が、日本社会にはあふれている。それでいて、会社からきっちり給料だけは受け取っているのです。

「きれいごと」の実現は、美しいことばかりを口にしていてもできません。会社の良いところも悪いところも、すべてひっくるめて受け入れ、飲み込んだときに可能になります。

汚いものを飲み込むと、会社の中にある「本当に良いもの」や「受け継ぐべき伝統」が見えてきます。つまり、自分が大切にすべき「宿命」にたどり着けるのです。

「蓮の花は、泥沼の中から咲く」と言われます。蓮が根を張るのは、ヘドロのような汚い泥の中です。でも、その泥を受け入れ、泥の中で生きているから、蓮はあんなにも美しい花を咲かせるのです。

組織にいれば、イヤなこと、理不尽なことをたくさん経験します。自分の立場を守ることしか考えない上司もいれば、まったく思い通りに動いてくれない部下だっています。官僚主義がはびこる「大企業病」が蔓延することだってあります。これらはすべて、会社の悪い部分、汚れた部分です。

こうした**ダメな部分を拒絶するのではなく、受け入れ、許したとき、会社の中で自分が何を成すべきかという使命が分かります。**分かったら、そこに全精力を傾ける「やる気」がわいてきます。

会社をV字回復させるような人は、会社の汚いものや悪い部分をすべて飲み込んでいます。それができるからこそ、部下や周囲がついてくるのです。きれいごとばかり言って、会社の悪口を並べ立てる人に、誰がついていこうと思うでしょうか。

「やる気」というものは、汚いものを認め、許す力があるから出てきます。それがまわりに良い影響を与え、「やる気」の連鎖を引き起こすのです。

Q53 「何とかなる」とおおらかに考えていたほうが、結局は勝ちにつながるのでしょうか？

「何とかなる」とは、そのうち万事うまくいくと「希望を持つ」こと。しかし、希望を持っている限り、人間は勝てないどころか、滅びの道をたどると思っています。

私は、現在の消費文明によって、人類が滅びる日は近いと思っています。いや、そんなことはない、必ず何とかなる、人間はそんなにバカじゃないんだから、と言うかもしれません。

でも、消費文明はもう、「どうしようもない」ところまで来ています。その一つが「ゴミ問題」です。

われわれはいま、大量生産・大量消費の文明の中にいます。それを支えているのが、プラスチックや電気です。しかし、日本にはもう、プラスチックゴミを捨てる場所はありません。廃棄物処理場はいっぱいで、埋め立てる土地はありません。

電気もそうです。火力発電によってたくさん電力を生み出し、消費していますが、その結果出てくるCO_2が地球の環境に悪影響を及ぼしています。今後、これ以上CO_2を空気中に放棄するわけにはいきません。皆それは分かっているはずです。

それなのに、いまだにどんどんつくっている。捨てる場所が破綻しているというのに、大量消費をやめないのです。

なぜやめないのか。「何とかなる」と思っているからです。

ある専門家に、このまま消費文明を続けると、世界がダメになると問い詰めたとき、彼は「そのうち誰かがすごい発明をして、何とかしてくれるだろう」と言いました。将来に希望を持っているのです。子孫のためにきれいな地球を残そうと考えるのが、現代人の役目のはずなのに、「子孫が何とかしてくれる」と思っているのです。

「科学はどんどん発達するから、地球上のゴミは全部、月や火星に行って捨てればいい」と言う人もいます。こういう人が専門家を名乗っているのが現状です。冗談抜きに、「悪魔だ」と思いました。自分の家のゴミを隣に捨てる気でいるのです。

私は、「希望」なんかがあるから、人間は反省しないのだと思っています。無限に成長できるという希望を持っているから、我利我利亡者の無間地獄にはまっていることに気づかない。「大丈夫。まだ何とかなるよ」と思っているから、捨てる場所がないものをつくり続けているのです。

人間は、「もうダメだ」という絶望の中からしか、立ち上がれない。 私はそう考えています。中途半端に希望を持っているうちは、死ぬ気で自ら立ち上がろうとしないからです。

人類の文明史を見ると、おごった贅沢な民族が滅びる一方、それを打ち負かす質実剛健な民族が取って代わり、勝ち残っていることが分かります。文明史はこの繰り返しです。いま、経済力や支配力の点でも世界トップの座にあるのはアメリカです。アメリカは、おごりや贅沢があふれる消費文明の国です。これは世界にとって絶望的なことです。

私は、この絶望の中から立ち上がった人類こそが、いまの文明に取って代わる次の文明をつくると思っています。そうした人こそが、世界の中で勝ち残る「可能性」があるのです。

7章

どのようにして自分を高められるか

Q54

言いたいことを言うと、人間関係が悪くなる気がします。それを乗り越えてでも、自分の意見を主張したほうがいいのでしょうか。

人間の精神の中で一番重要なものは、「勇気」です。私は二〇歳のころ、文芸評論家である小林秀雄さんとご縁があり、文学について議論させてもらったことがあります。そのとき「知性は勇気のしもべである」という言葉をおっしゃっていました。

小林さんは、日本の知性の最高峰にいる人物といわれています。たくさんの著書を残しており、私も全集を持っています。ところが、「知性は勇気のしもべである」という言葉は、どの本にも書いていない。全集を何度も読み返しましたが、どこにも書いてありませんでした。

だからこそ、私はこの言葉が忘れられません。日本で一番知性のある人が、書物ではなく、自分の肉声で「知性などというものは、勇気のしもべなんだ」と言ったのです。それを私は、生で直接聞いたわけです。非常に感動しました。

あれから五〇年近く経ちますが、私はいまでも、この言葉を人生観の柱に置いていています。この言葉によって生きているといっても過言ではありません。

「勇気」とは、行動する勇気です。**考えているだけでなく、やってみる、動いてみる、言ってみる。**その結果はどうなるか分かりません。後のことは後のことです。もしも、他人に失礼なことを言ってしまったのなら、素直に謝る。「すみません」と言うしかないのです。

「勇気」より「知性」が先にきてしまうと、「誰かに失礼なことをしてしまうのではないか」と考え過ぎてしまい、何も言えません。だから「勇気」が先なのです。「知性」は「勇気」のしもべ、「勇気」のほうが上なのです。

人間は、それぞれの関係の中で生きることを良しとしています。これを「社会」と呼んでいます。社会というのは「日常」です。礼儀を大切にし、人に気を使うことで、人は「日常」を生きています。

しかし、人間関係が揺らぐことを承知で、言いたいことを言うということは、日常とは違うことをやる、ということ。つまり「非日常」なのです。「日常」の自分から抜け出さなければ、「非日常」は実践できません。

ここで必要なのが「勇気」なのです。この世で成されているすべてのことは、勇気のなせるわざなのです。

本気で何かをやろうとし、本音でぶつかろうとすれば、必ず誰かに嫌われます。もしかしたら、損害を受けるかもしれない。それを承知でやるのですから、これは「勇気」です。

私は嫌われることを怖れていないので、こうして好きなことを言っています。もしも私を逆恨みする人が、私の話を逐一録音して週刊誌か何かに持ち込んだら、間違いなく叩かれるでしょう。マスコミは情報のほんの一部だけしか切り取らないので、私の口の悪い部分だけを切り取って、おもしろおかしく報道するでしょう。

そんなことを怖れていたら、私は何も言えません。でも、思ったことを正直に話せている。それは「勇気」がそうさせているからです。

私は、覚悟を決めています。問題になれば「すみません。確かに言いました」と正々堂々と謝ります。そして「責任」は、いつでも取るつもりです。

言いたいことを言う。その「勇気」が必要だと思います。

Q55 なかなか勇気を出せません。どうすれば勇気を出せますか?

勇気は、「不幸になる覚悟」を決めたときにわき出ます。「幸せになれなくていい」「ダメでもいい」と腹をくくったとき、生まれるのです。反対に「幸福でありたい」「安定したい」「成功したい」と思っていたら、勇気は絶対に出てきません。

なぜか。幸福を求めた瞬間から、人は保守的になり、自分の身を守るほうに意識が向いてしまうからです。エゴが出てきて、臆病になってしまうのです。

日本人はいま、官僚も政治家もサラリーマンも実業家も、みんな「幸福病」に陥っています。幸せになりたいと思っているから、守りに入り、エゴイスティックになり、勇気を出せずにいるのです。

しかし、そんな日本にありながら、勇気を出すことで事業を成功に導いた人もいます。あの大企業キリンビールの元副社長、田村潤氏です。

田村氏は、キリンビールがアサヒビールに業界首位の座を奪われたとき、再びキリンビールに活力を吹き込み、トップ奪還を果たしました。

当時、キリンビールは、伝統的な〝苦味とコクのあるビール〟を貫いていましたが、アサヒビールが打ち出した〝ライトな飲み口〟スーパードライに市場を奪われていました。

このとき、田村氏は、アサヒビールに追随しようとする本社の方針に反発しながら、落ちこぼれ社員たちにキリンビールの伝統を刷り込むという、これまでにない改革を行うことで、業績を回復させていきました。

田村氏はこのときのことを、こう語っています。

「本社に反論すると、クビにはならないでしょうが、社内での立場は悪くなる。それだけのリスクを負ってやるべきかどうか考えました。その結果、自分がやらなくてはならないと思ったのは、尊敬する先輩から受け継いだキリンビールの伝統があったからです。伝統を自分が実践するのだから、幸せはまあいいやと思いました」

つまり、「不幸になる覚悟」を決めたのです。本社に楯突けば、左遷されるかもしれない。そうなれば、自分の生活が脅かされ、幸せでなくなるかもしれない。でも、それよりも大切な「伝統を受け継ぐ」という使命のために、幸福を捨て、不幸を受け入れる覚悟を持ったのです。

そのことが、田村氏に「リスクがあっても実行する」という勇気をもたらしたのです。そして、キリンビールの業績をV字回復に導いたのです。

勇気は、「幸福病」からは生まれません。不幸を受け入れるところからしか、出てこないのです。

実は私は、一度だけ「幸福病」に侵され、勇気を出せなかったことがあります。それは、わが子の小学校受験のときでした。「入学してもらいたい」という気持ちが強くなり、親子面接のとき、臆病になってしまったのです。

このとき、普段は偉そうなことを言っているのに、なんたる不甲斐なさだと自分を猛省しました。子どもに受験で成功してほしい、それによって自分も幸福感を得たいという気持ちが、「幸福病」をおびき寄せてしまったのです。

また田村氏は言います。「会社でも、偉くなろうと思うと、風向きが変わるたびに不安になる」。だから、偉くなろうとするのではなく、仕事の意義を見つけないといけない、と。

成功を求める心を捨てる。そして、成功しなくてもいいという気持ちで、やる意義を見いだし、その信念を貫く。勇気を出すとは、そういうことではないでしょうか。

Q56 人としての魅力は、どうすれば身につくでしょうか。

私はものすごく文学が好きで、若いころから死ぬほど文学作品を読んできました。そのご縁から、さまざまな文学者と直接話をする機会に恵まれました。小林秀雄を始め、評論家の村松剛、フランス文学者の森有正、そして三島由紀夫。いずれも、突き抜けた生き方をした文学界の巨人です。

三島由紀夫は、自衛隊のクーデターに呼びかけて割腹自殺した文学者として、あまりにも有名です。私は三島さんと、中学三年のときに初めて出会いました。それ以来、高校三年生になるまで、毎年、何回かお会いして、文学論に花を咲かせました。

あと非常に親しくさせていただいたのは、森有正さんです。森さんは、フランス文化を追究するためにフランスに渡り、一時的に帰国する以外、日本に戻ってくることはありませんでした。パリで急死される直前、国際基督教大学の教授になられる準備をお手伝いしたり、いっしょに諏訪旅行を楽しんだこともあります。それくらい、身近なお付き合いをさせていただきました。

私は、森さんの本をたくさん読みましたが、文面から感じ取れる森さんと、実際に会った森さんとは、かなり違いました。生身のご本人のほうが、迫力があるのです。そばにいるだけで、人格の高さが伝わってくるのです。

私が会った文学界の巨人たちは、みんなすごく迫力がありました。何でもズバズバおっしゃるので、端から見れば「口が悪い人」と映るかもしれませんが、私にはそれが「魅力」と映りました。嘘のない正直な生き方に、魅了されたのです。

ところが、最近の文学者や社会的地位のある人からは、そうした魅力や迫力を一切感じなくなりました。私が歳を取ったからかと思いましたが、どう考えても、相手のほうに人間としての魅力がないのです。

私の父は、三井物産で社長の片腕として働いていました。そのため、私が幼いころから、いつも会社の重役クラスが自宅に遊びに来ていました。その人たちを見るたびに、子ども心に「すごいなあ」と思っていました。子どもでも感じ取れるくらい、人間的な魅力や言葉にできない迫力がにじみ出ていたのです。

しかし、最近はそれがまったくない。一流企業の役員でさえ、会話といえばゴルフ、食べ物、温泉、海外旅行の話題ばかり。文学も哲学もありません。ましてや武士道なんてお呼びではない。そんな思想もありません。「いったい何なんだろうか…」と思います。

一流と言われる人から、人間としての魅力が失われた時代ですが、魅力とは、著名な人だけが持ちうるものではありません。サラリーマンだって、職人だって、学者だって何だって、魅力ある人間になることはできます。

そのために必須なのが、「自分はこう生きる」という武士道的な精神です。具体的には、**いま自分がやっている仕事でもなんでも、とにかく一流をめざすこと。**単なるプロではなく、4章で語ったような「一頭地を抜いた人物」になるのです。

文学界の巨人たちがあんなにも魅力的だったのは、文学を究めようとする中で、人格や迫力が磨かれていったからだと思います。「こう生きる」と決めて、一心不乱にそこをめざしたからです。

突き抜ける生き方をすれば、人格が磨かれる。そしておのずと、人としての魅力も備わるのではないでしょうか。

Q57 もっと人間的に成長したいと思います。何をすればいいでしょうか。

私は、多くの人が「これはいいことだ」と言うものの中に、人生に役立つものはないと思っています。「ダメだ」と言うことの中に、良い結果をもたらすものがあります。いいことではなく、ダメだ、やるなと言われることをする。これが最も人間を成長させてくれると、私は考えています。

子どものころ、親、先生、同級生など、いろいろな人たちから「お前は最低だ」「こういうところが悪い」「あそこがいけない」と言われて育ちました。あれはダメ、これもダメと、何度言われてきたことか。

しかし振り返ってみると、そう言われても貫いてきたことが、三〇歳を越えてからの人生に良いものをもたらしてくれました。ダメだと言われたことが全部、私という人間を築き上げるエキスになってきたわけです。

まわりがダメだと言うことは、いわば「毒」です。かの有名な芸術家であるミケランジェロは、「私は他人たちの死の原因となるものを糧（かて）として生きる」と語っています。私はこの考え方を「毒を喰らえ」という思想にまとめました。

おそらく、ミケランジェロは、真の意味で「毒」を食べていたのでしょう。あれくらい天才的な人物ですから、やっていても不思議ではありません。そうであったからこそ、長年にわたって名を残す偉業を成し遂げたのだと思います。

肉体的な毒は、トリカブトやヒ素といった「食べたら死んでしまう毒」です。では、精神的な毒とは何でしょう。私は「しつけの根本」が、精神的な毒の一つだと考えています。

しつけが好きな人はいません。みんな嫌いです。苦しいこと、イヤなこと、つらいことのオンパレードだからです。そういった「心が受けつけないもの」「イヤなもの」が精神的な毒です。

何が精神的な毒なのかは、人によって違いますが、「その人が嫌いなこと」が毒である、ということだけは言えます。好きなものはダメです。毒にはなりません。

日露戦争で活躍した明治時代の将軍・乃木希典は、幼い自分の息子が「ニンジンが嫌い」ということを知った日から、ニンジン以外のものは食べさせなかったと言います。ニンジン嫌いな子どもにとって、ニンジンはまさしく「毒」です。しかし、それしかなければ、ニンジンを食べる以外、生きる道はありません。食べなければ飢え死にしてしまうからです。

でも、これによって、乃木将軍の二人の息子は、親孝行の道に徹し、歴史に名を残す立派な人物になりました。死ぬ思いでニンジンを食べることによって、人生で一番つらいものを自分の中で乗り越える体験ができたのです。乃木将軍は、それを「しつけの根本」に置くことで、息子を大きく成長させたのです。

「毒」は人を育て、人をたくましくします。**まわりから「ダメだ、やるな」と言われている「毒」を自ら受け入れる。怖れず、逃げず、毒を喰らう。そこに魂の成長があります。**

Q58

「叱られたくない」という気持ちが先に来て、何をするにも躊躇してしまいます。どうすればいいでしょうか？

上司に叱られるのは、とてもイヤなことでしょう。自らを痛めつけるものなので、精神的な毒と言えます。

いまの社会には、「毒」を排除し、すべてを毒抜きにする「安全思想」がはびこっています。食べ物の世界も精神の世界もそうです。とにかく毒を抜き、危ないことはしない、させまいとする。私は、これこそが現代社会の最大の問題だと思っています。

すべての食べ物には、少なからず「毒」があります。われわれが日常的に口にしている食べ物だって、分析すれば必ず毒素が検出されます。でも、その毒ごといっしょに食べているから、真の栄養を摂取できます。それで、かえって健康を保っています。

空気中にも、「毒」はたくさんあります。空気中を漂うウイルス、ばい菌、ハウスダスト、アレルギー物質など、挙げれば切りがありません。

しかし、この毒ごと吸いこまなければ、本当の空気を体内に取り入れることはできません。毒ごと食らって、生命活動を維持しているのが、われわれ人間なのです。

ところがいま、ウイルスやばい菌すべてを「無菌化」しようとしています。これは人類にとって恐るべきことなのです。

「消毒」も「無菌」も、「毒を喰らう」とは反対にあるものです。「毒」から逃げることにほかなりません。これでは「毒」を乗り越える体験はできない。当然、そこから得られる人間的な生存も成長もないでしょう。

私は、**「無害化」「無菌化」が人類を滅ぼす**と思っています。

過去の偉大な人の本を読んで分かったのは、偉大な人は例外なく、普通の人では食べきれない「毒」を食らって、それを体内で免疫にしていった、ということです。免疫にするというのは、「自己化」するという意味です。つまり、自分の一部にするということです。

人体にあえて「毒」を取り入れて免疫をつくるように、精神にもまた「毒」を入れ、耐性という免疫をつくる。それが人類の成長につながる道だと思っています。

Q59 会社で理不尽な目に遭っています。どうにか乗り越えたいのですが、いまの状況をどう捉え、どう考えたらいいでしょうか。

われわれは全員、文明社会の中に生きています。しかし、人類が築き上げてきた文明の中には「毒素」があります。

文明の毒素というのは、われわれが「道理に合わない」「理不尽」「それはおかしい」と思うことです。つまり「不合理」です。

例えば、昔の家庭はたいてい貧乏で、子どもたちは何もかもが思い通りにならなかった。「なんで好きなように生きていけないんだ」と、子どもはみんな苦しんだわけです。それが「不合理」です。

学校もそうでした。昔は先生がムチを持っていて、子どもが嫌がる暗記や筆記をさせていました。やらないと、問答無用で容赦なくムチが飛んでくる。まさしく「不合理」です。

しかし、この「不合理」があったからこそ、子どもたちは人生を考え勉強ができるようになり、社会に出て働ける人間になれました。自分の能力を伸ばすこともできた。

私は、「思い通りにならない」「イヤなことをせざるを得ない」といった、文明の毒素ともいえる「不合理」が、最も人を育ててくれると思っています。

だから、本当に成長したいと思ったら、「不合理」から逃げてはいけません。「不合理」という毒を食らい、消化し、自己化するのです。

われわれが「不合理」に思うことは全部、文明社会が生み出した毒です。いい例が会社です。会社というのは、文明が生み出した道具です。その道具の中の組織が、個人の情感と相容れないものを生み出します。

簡単にいえば、会社でイヤなことがあったとすれば、それが文明の毒素、「不合理」です。個人のやりたいことと、組織のやりたいことがぶつかり合っている状態です。組織では、秩序という「義」が優先されますが、人間は「愛」で生きています。それがぶつかり合って「不合理」になっています。

会社でイヤなことがあったら、そこから逃げず、真っ正面から向き合い、「不合理」を食らうチャンスと捉えるのです。「不合理」は人間の成長にとって、すごく良いことなのですから。

立派な業績を残した人は、だいたいイヤな目に遭っています。左遷されたり、干されたり、降格させられたりといった「不合理」を経験しています。

しかし、人間の真価が問われるのは、そんなときなのです。「不合理」に遭遇したとき、どう生きるかなのです。それが、自分の大きな成長につながります。

イヤな目に遭ったとき、「ひどい目に遭わされた」といって、他人やまわりを恨んではいけません。恨むとは、発散すること、つまり〝ガス抜き〟に過ぎません。これは「不合理」を食らうことにはなりません。

発散せずに飲み込む。食らう。そして自己化する。それができたとき、事業の成功、出世、業績の向上といった偉大な成果を生み出せます。

Q60 自分磨きに役立つ本を教えてもらいました。さっそく読んでみたのですが、内容がぜんぜん理解できません。

本を読むときに重要なのは、内容を理解することではありません。行間を読むことです。

行間を読むとは、「著者は、なぜこの本を書いたか」を考えるということです。読書とは、著者の魂との出会いであり、対話です。だから、行間を読んで、著者の魂と触れ合うのです。

アルゼンチンの有名な作家・編集者であるアルベルト・マングェルは、著書『読書の歴史』の中でムハンマド・アル・ガザーリというイスラムの神学者の言葉を引いてこう書いています。本は「哭くために読みなさい」。著者と魂を共有し、感動の涙を流すために読め、という意味です。

私は文学を読むとき、最初に解説書を読んだりはしません。例えば、ドストエフスキーの『罪と罰』や『カラマーゾフの兄弟』など、一度読んだだけでは内容は分かりません。しかし、分からない混沌としたところから、ドフトエフスキーの魂が浮き上がってくるのです。

読書は、魂という神秘との対面です。だから、「この本を読んで仕事の役に立てよう」とか、「出世のために読書しよう」などと思ってはいけない。そんな読み方をしてしまったら、神秘は消えてしまいます。

神秘と対面するには、役に立てるためではなく、自己の生命をまっとうするために読まなければいけません。つまり、一人の人間として「良い死に方がしたい」とか「良い生き方がしたい」という武士道精神をもって読むのです。

魂は、断定できるものではありません。「あの人の魂はこうだよね」と、相手の魂がすぐに分かってしまうなんてことはない。たいていは分かりません。だから神秘なのです。

私は、本は理解できなくていいと思っています。下手に「分かった」なんてことになると、魂と触れ合えなくなります。

分からないほうがいいというのは、男女間もそうでしょう。相手のことを「分かった」と思った瞬間、相手を思い通りにしようとしたり、締めつけたりする。分からないから、相手に対して謙虚になることができ、相手を立てることができます。本も同じだということです。

行間を読めない、行間を読むという意味が分からない、というのは、読む気がないからです。読もうとしないのに分かった気でいるとしたら、これはもう傲慢です。

私は小学生のころから、歴史に残る作家の本をたくさん読んできました。あの頃の人生観では、ぜんぜん理解できないものだらけでした。しかし、**理解できなくてもずっと考える。考えたってやっぱり分からないけど、でも考え続ける。それが行間を読むことにつながった**と思っています。

『葉隠』だってそうです。あそこに書かれていることは、小学一年生に理解できるような内容ではありませんでした。でも私は、その格好良さに引かれ、わけも分からないまま暗記までしました。それが四〇代、五〇代になって、あそこに書かれていた意味がようやく腑に落ちた。そんな体験もたくさんしました。

分からないことは、分からないこととして受け入れる。そして行間を読もうとする。これが本当の読書です。

Q61 武士道の本を読めば、自分を高めることができますか？

読むだけでは無理です。問題は「読んだ本を人生に活かすことができるか」です。

私自身、死ぬほどたくさんの本を読んできました。読むだけでなく、書いてもいます。本を書いて世に出す人はみんな、「不合理」を食らい、自己化した人です。本をつくるというのは、強烈な「不合理」との戦いだからです。

本を出すには、出版社という「不合理」と向き合わねばなりません。出版社は、本を出すことによって利益を上げたいわけですから、作家の「書きたいこと」を一〇〇％受け入れてはくれません。利益と言論とのぶつかり合いが、ここで生まれます。

社会という「不合理」との戦いも生まれます。どんなに良いことを書いても、その本が社会に受け入れられなければ、言いたいことは伝わりません。一冊の本は、このような「不合理」との戦いに打ち勝つことで、出版されるものなのです。

そうやって生み出される本を、たくさん読む。これはいいでしょう。ですが、自分の生き方に活かせなければ、意味はありません。

私は自分の著書で、「自分の中の武士道」の大切さを書いていますが、そこでは「武士道そのものを、そのまま物まねする必要はない」と言っています。重要なのは、まねすることではなく、自分の中にある武士道を貫徹できるかどうか、なのです。

私は、武士道の中でも、佐賀鍋島藩士・山本常朝が残した『葉隠』という書物を、自分の生き方に取り入れ、活かしています。私の中の武士道とは、「ただ独りで生き、ただ独りで死ぬ」という生き方です。

これを死ぬまで実行することが、私にとっての「武士道の貫徹」です。誰かに分かってもらいたいとは思いません。家族にすら分かってもらわなくていい。女房や亭主、子や孫に分かってもらいたいと思っただけで、武士道は貫徹できなくなります。

もし分かってもらえたら、それは運がいいだけの話です。理解してくれる人が、たまたままわりにいた、ということです。自分の中の武士道を枉げてまで分かってもらう、ということではありません。

私の場合は、たまたま運良く、家族が分かってくれています。子どもも理解しているような風情が見てとれます。しかし、私の生き方がまったくイヤで、子どもが家出した時期があります。

このときも私は、自分の中の武士道を枉げたりはしませんでした。子どもの家出は、私の生き方とは関係がありません。どこに行ったか関心はないし、電話もしない。家族に「たとえ子どもが死んだとしても、私に報告する必要はない」とまで言いました。そのくらい思わないと、自分の中の武士道は貫徹できないのです。

家族をないがしろにしろ、と言っているのではありません。これは「いかに自分の思想を貫徹するか」という問題です。家族を邪険に扱うことが、武士道を貫徹することだと思ったのなら、それは勘違いです。

もし**私の本に共感し、ファンになってくれるのなら、私と同じくらい「武士道の貫徹」に憧れてほしい**と思っています。皆さんが思うほど、大変なことではありません。なぜなら、自己の信念を貫くことが「愛」そのものを生み出すからです。

家族に対して愛情があるからこそ、自分の生き方を貫けるのです。それが本当の「愛」

だと思います。

「では、自己の信念を貫けば、うまくいくんですね」と言う人がいます。これまたやっかいな話です。うまくいく、いかないは、関係ありません。結果を出すためにやるのではなく、自己の信念を貫く生き方が重要なのです。

私は、結果がダメでもいいと思っています。信念を貫く人が天から愛され、結果を出せるなんてことも思っていません。天のことなど考えていないし、ダメでも不幸でもいいと思っています。

武士道の本を読んだのなら、信念を貫く生き方を実践する。大切なのはこれだけです。

Q62 自分だけのオリジナリティを高めたいと思っています。どうすればいいでしょうか。

オリジナリティは、世間が「正しい」と思っていることからは生まれません。まずそこを押さえることが重要です。

私は大人になって、文学を研究している研究者の本を読むようになりました。学問的に調べて書かれた、いわゆる「正しい本」です。

ですが、私に言わせれば、それらは良書ではありません。むしろ、「自分はこれが好きだ」「なぜこれが好きなのか」ということを好き勝手に書いた、正しさからはずれている本が良書だと思います。

自分が好きでもないものを論じたところで、人に感動は与えられません。芸術も学問も、みんなそうです。

ところが、いま重視されているのは「正しいかどうか」です。自分なりの信念や理論ではなく、世の中的に正しいことでなければならない、というところにフォーカスされています。これではオリジナリティは生まれません。

オリジナリティは、イノベーション（革新）によって生まれます。正しさを超越した「強烈な魂」から生まれるのです。

私の経験から言うと、**世間が正しいとすることではなく、「もしかしたら間違っているかもしれない」と思うことを突き詰めたほうが、オリジナリティを高められる**と思います。

間違っているかもしれないことを追求するには、不安があります。まわりからバカにされるかもしれないからです。しかし、それを乗り越えてまで信じ、突き詰める。このこと自体が、大きなイノベーションです。

間違ってもいい。信じる道を突き進むのだという勇気。いまの日本人に一番持ってもらいたいものが、これです。アップルの創業者であるスティーブ・ジョブズは、禅を自分の人生に取り入れていましたが、禅の解釈は、宗教の専門家から見ると「間違いだらけ」でした。しかし、それによって、「自分だけの禅」をつかみ取っていたと私は思います。

オリジナルとは、「世界にただ一つ」というものです。世の中が「正しい」としているものは、すでに世に広がり、たくさんの人が手にしているものなので、その時点で「世界にただ一つ」ではありません。

だから、オリジナルが「世間一般でいう正しいもの」であるはずがないのです。正しくなってしまったら、それはもうオリジナルではありません。

「間違っているかもしれない」ことの中にこそ、オリジナルはあります。

Q63 芸術によって感性が磨かれると言いますが、その感覚がよく分かりません。

人間にとって大切なのは、肉体ではなく「魂」です。文化、特に芸術は、その「魂」を活性化してくれるものです。厳しい真の宗教が滅びてしまったいま、芸術だけが「魂」を救えると私は思っています。

芸術は、武士道が説く「自分以上に大切なもののために命をかける」という生き方を実践させてくれるものです。なぜなら、芸術は「命を吸い上げてくれる」ものだからです。命を吸い上げるとは、命を捧げさせてくれる、という意味です。自らの命を削ることとも言えます。ノーベル賞作家の川端康成が、国宝となった芸術作品を手に入れるために、家をすべて売り払ったと言いますが、それが良い例でしょう。それくらい、芸術には、人間にとって大事なものを捧げさせる力があるのです。

この力が、美しい魂を生むのです。例えば武士の時代、殿様のために命を捧げることが、武士の使命でした。だから武士はみんな、殿様のために喜んで命を捧げました。殿様に命を吸い上げられることを「良し」とし、喜んで戦場に身を投じたのです。そんな武士の魂を、美しくないという人はいません。

親孝行も、美しい魂を育むものです。明治時代、貧乏のために売られた子どもが、売られてもなお、親に仕送りをする例がたくさん見られました。売られるというのは、親に命を食い物にされている、つまり命を吸い上げられているということです。それなのに、親孝行しようと、一生懸命、売られた先でがんばるわけです。その魂の何と美しいことか。

子を食い物にするなんて、ひどい親だと思うかもしれません。しかし、そうした親のもとで、美しい魂を持つ子が育っているというのが、現実なのです。

同じように、芸術もまた、吸い上げることで美しい魂を生みます。

幕末から明治時代にかけて活躍した山岡鉄舟は、数多くの「書」を残しています。なぜこんなにたくさん書いたのかというと、廃仏毀釈によって弾圧された仏教を救うためです。書を書きまくり、それを売って寺の経営難を救ったのです。

これらの書は、「仏教を救う」という山岡鉄舟の崇高な魂がその鉄舟自身の肉体を吸い上げたものです。鉄舟は身を削り、そのために五二歳で死にました。だから、見る人の魂を揺さぶるのです。鉄舟の書の前に日本刀を置くと、非常に調和が取れるのも、書が発する「武士道の魂」が日本刀と溶け合うからです。

こうした感覚は、書に何が書いてあるか理解できなくても、見ているうちに分かるようになります。感性が磨かれるとは、こういうことです。

感性は、「頭」では生き返りません。必ず「心」から生き返ります。だから、学問や知識によって、感性を生き返らせることはできません。どんなに勉強しても感性が磨かれないのは、そのためです。

感性を生き返らせ、「魂」をよみがえらせることができるのは、お金でも、国家でも、スポーツでも、娯楽でもありません。人が「魂」をぶつけることができる文化である芸術なのです。

Q64 読書をしたいのですが、電子書籍で読むのも、実際の本を買って読むのも同じでしょうか？

電子書籍は便利です。本を置く場所に困ることもありません。しかし私は、置き場に「困る」ことが、本の重要なところだと思っています。だから、どんなにかさばっても、本は実物を買って読むべきです。

若いころから死ぬほど本を読んできた私は、畳数畳分の小さい部屋に、地震が来たら死ぬ、というほど本が積み上がっていた時代があります。本の重みで、床が抜けたこともあります。

そうした部屋で、「もういつ死んでもいい」という覚悟で読書生活をしてきました。それが私の基礎になっていると思います。

本を買ったからお金がなくなった、ということもあります。食べ物すら買えなかったこともあります。本によって、置き場にも住まいにも金にも苦労してきたのが私です。

しかし、そうした体験をさせてくれるのが、本の良さなのです。苦労するから、人間には知性がつき、知から生まれる「愛」を保つことができます。

私は、電子書籍のような便利なもので本を読んでも、知性が抜け、愛が抜けていくだけだと思っています。本は、紙と活字でつくられた一冊一冊の物体こそが、重要なのです。電子情報ではなく、実存している本だけが、意味のある読書を叶えてくれます。

一度、電子書籍を読んでみたことがあります。ボタンを押すと、本の内容が自動的に送信されてきました。「これはダメだ」と思いました。

本とは、自分から「向かっていく」ものです。そうしなければ、内容を自分の中に入れることはできません。しかし、電子書籍の場合は、与えられてしまう。「与えられる」と「向かっていく」とでは、本を読んだとき、自分の中で起こる化学反応がぜんぜん違うのです。

本が邪魔だ、と言う人がいます。私は、邪魔になるところがいいと思っています。要は「存在感」があるということです。その存在感が、人間の「魂」に何かを打ち込んでくれます。ところが電子書籍は、必要性がなくなったらすぐに消せます。手元には何も残らない。だから「魂」も消えてしまいます。

本という物質をそばに置くことが、私は重要だと思っています。だから「本は読まなくてもいいから買え」とまわりによく言っています。たとえ一生涯読まなくても、買った本を並べておくだけでいいのです。

なぜなら、本の中の知性が、波動を発してくれるからです。刀剣などの美術品に例えると分かりやすいでしょう。優れた美術品からは、優れた波動が出ているのを感じるでしょう。それと同じことが、本にも言えます。

目につくところに本があれば、「読まなければ」という枯渇感も生まれます。それが、その人の知性を支えてくれるのです。

日本人は、あまり本を所有しません。これが日本人の知性の劣化を招いていると思います。良い美術品が家にあると、情操教育になるように、良い本が置いてあるということもまた、知性の教育につながります。

自分では読めそうにない難しい本を買って、部屋に並べておくのもいいでしょう。その本からは、「お前には知性がないから、読めないだろう」という波動が出ます。これによって、知性のないダメな自分を思い知ります。

このコンプレックスが大事なのです。自分はダメだと思うから、「もっと知性を身につけなきゃ」という向上心が生まれてきます。

本は、単なる情報ではありません。本に書いてある情報を脳に入れ、それを肚に落とすことで、本はその人の中で「愛」に変わります。私にとっての『葉隠』がまさにそうです。

読書を通じて、「愛」を体験することが重要なのです。私は、それは電子書籍ではできないと思っています。

8章

「葉隠十戒」解説

『葉隠』から得た〝死ぬまで貫き通す一〇か条〟

私が『葉隠』に出会ったのは、小学一年生のときです。このころ、私は肺にたまった膿が石化し、四二度の高熱を出して生死の境をさまよいました。

運よく生還し、病院から自宅に戻って父の本棚をながめているうち、何かを無性に読んでみたくなったのです。それまでは絵本も読んだことがなかったのにです。そして手にしたのが『葉隠』です。

小学一年生ですから、何が書いてあるのか、まったく分かりませんでした。でも、何が何でも読みたいという衝動に駆られ、母に全部カナを振ってもらって読みました。

『葉隠』との出会いを、私は「運命」だと思っています。人生で初めて読んだこの本を、私は大好きになりました。書いてあることがあまりにも格好いいので、「絶対にこのように生きよう」と決めました。いま七〇歳になりますが、その決意は、いまだ一日たりとも微動だにしたこともありません。

小学五年生のとき、生涯の思想と決めた『葉隠』の中から、最も心に響いた一〇の言葉を選びました。それが「葉隠十戒」です。

ちょうど、モーセの半生をダイナミックに描いた映画『十戒』が流行っていた時期で、「よし、私もモーセの十戒に匹敵するようなものを自分の人生でつくろう」と思ったのです。

『葉隠十戒』

第一戒　武士道といふは、死ぬ事と見附けたり。

第二戒　二つ二つの場にて、早く死ぬほうに片付くばかりなり。

第三戒　図に当たらぬは犬死などといふ事は、上方風(かみがたふう)の打ち上(あが)りたる武道なるべし。

第四戒　毎朝毎夕(まいちょうまいゆう)、改めては死に改めては死ぬ。

第五戒　恋の至極(しごく)は、忍ぶ恋と見立て申し候。

第六戒　一生忍んで、思い死にする事こそ恋の本意なれ。

第七戒　本気にては大業(たいぎょう)はならず、気違(きちが)ひになりて死に狂ひするまでなり。

第八戒　不仕合(ふしあわ)せの時、草臥(くたぶ)るる者は益(やく)に立たざるなり。

第九戒　必死の観念、一日仕切(しき)りなるべし。

第十戒　同じ人間が、誰に劣り申すべきや。

私にとって『葉隠』は、単なる書物ではありません。この書物を残した、山本常朝という武士との対話です。苦しみ抜きながら、体当たりの人生を生きた一人の武士が、山本常朝です。

私の人生のすべてのことは、この「葉隠十戒」に行き着きます。この一〇か条で説明できないものは、一つもありません。『葉隠』が私の人生の中心であり、すべてです。

私が愛してやまない『葉隠』の思想とはどういうものなのか。一つずつ解説していきます。

第一戒　武士道といふは、死ぬ事と見附けたり。

この言葉は、武士道の根源中の根源です。

「生きる」ことの意味は、「死」に方を定めなければ分かりません。死の世界があるから、生命のまっとうを考えることができます。

「死ぬ事と見附けたり」というのは、死ぬことを考えていれば、生き方がおのずとわかるという意味です。すべてを「死」を中心に考えるということです。

われわれがいま生きている物質文明の社会では、「死は悪いことだ」と捉えられていいます。死ぬということは、物質である肉体がなくなる、ということだからです。

しかし、物質文明が世界を覆い尽くす半世紀ほど前までは、まだ魂こそが人間だと捉えられていました。肉体ではなく「心」が人間の正体だったのです。

ところが、物質文明が主流となり、経済が発展するようになってからは、人間を「数」で数えるようになりました。魂や心より、肉体のほうを重視し始めたのです。

それ以来、死は悪いことだと捉えられるようになりました。「死を考えさせない文化」が広がったのです。生きていてなんぼ、生きることが最重要なのだ、という文化です。

そうした文化の中では、死は無価値なものとなります。だから、先祖崇拝もなければ、墓も必要ない。実際、そうした現象があちこちで見られます。

でも、人間というのは、実は死が中心なのです。生きることは死にくっついている概念に過ぎません。キリスト教も仏教も、宗教はすべてそうなっています。

人間は、生まれた瞬間から死に向かって生きています。だから、死が何かということに

毎日向き合っていないと、良い人生は送れません。当然、良い仕事もできない。良い死を迎えるために、日々の生き方が問われているのです。

そのことを思い出させてくれるのが、第一戒の「死ぬ事と見附けたり」なのです。要は、自分の人生と対面しろ、ということなのです。

人間には一人ひとり、生き方があります。それをひとつかみにしようと思ったって、できるものではない。しかし、物質文明はそれをやろうとしています。だから人間を、「一人、二人」といった肉体の数でつかもうとしている。命を数量化しているのです。

そこから出てきているのが、少子化や出生率の問題です。子どもの数も赤ちゃんの数も、経済指標として表されている。子どもが少ないと経済成長が止まるから困る、というわけです。人間疎外もはなはだしい考え方です。

現代人の人生は、数量の人生です。いくら稼いだとか、どのレベルまで出世したとか、いくつ物を持っているとか。しかし、「数ではなく、大切な人とどのくらい本当の絆を結べたか」という問いになると、答えられない。数量ではないから、答えられないのです。

人間は必ず死にます。友情だって愛だって、永遠に続くことはあり得ない。何もかもが死に向かっています。

だからこそ、死を見つめることが大事なのです。そこを見つめない限り、本当の生は見えてきません。

私は何だって「死ぬ事と見附けたり」です。友情とは死ぬ事と見附けたり。愛とは死ぬ事と見附けたり。経営とは死ぬ事と見附けたり。死と向き合っているからこそ、どう生きるかを見つけられるのです。

第二戒　二つ二つの場にて、早く死ぬほうに片付くばかりなり。

二つのうちどちらか選べと言われたら、早く死ぬほうを選べ、ということです。簡単に言うと、「損か得かという考え方を捨てろ」ということです。

どんなときも、「自分は死ぬほうの道を行くんだ」と思っていれば、利益に誘導されることはありません。誰かがエサをちらつかせても、それに食いつくことはないでしょう。しかし、得をすることを考えていたら、エサに食いついてしまう。その結果、罠にはまってしまう。まんまと敵の策略にはまってしまいます。

誤解してほしくないのは、相手の策略を見破るためにこの信条を持て、と言っているのではありません。**得の道と損の道があったら、迷わず損の道を行く。それが人生の根幹だ**

ということを、この言葉は教えてくれているのです。

だいたい、得して生き残ろうとする考え自体が、卑しいのです。卑しさを捨て、損なことでもやれ、ということです。得より損を取るのだと思っていれば、覚悟が固まります。国や会社に忠義を尽くす、誰かを愛するというのも、損を取るという考え方でなければできません。給料をいくらもらおうとか、好きになってもらおうとか、そんなことを考えているうちは、忠義も愛もまっとうできないでしょう。

約束を必ず守るというのも、損の道です。人が約束を守らないのは、損をするからです。得をしたいという考え方が底流にあるから、約束を破ってしまうのです。

約束を守るためには、得の道を捨て、損の道を選ぶ。「損してもいい」と思っていれば、必ず約束を守れます。

約束を守ったことで大損したとしても、それでよいではありませんか。約束を守るのは信念であり、生き方なので、それを貫ければ、生命の燃焼を貫徹できたことになります。「武士としての意地を通せた」ということで、これは喜ばしいことなのです。

「武士の一分」という言葉があります。武士が命をかけて守らねばならないもの、という意味です。つまり「武士の意地」です。

これを貫き通せないなら、武士道という道は歩けない。だから意地を通すんだ、損するほうを取るんだ。そんなふうにあらかじめ決めておけば、迷うことはありません。信念を貫けるなら、損するくらい大したことはないと思います。

第三戒　図に当たらぬは犬死などといふ事は、上方風の打ち上りたる武道なるべし。

直訳すると「成果を出せない死に方は犬死にだ、なんてことは、上方の武士がぶち上げた武士道に過ぎない」ということです。

「図に当たらぬ」とは、狙ったのに成果が出ない、という意味です。「上方風の」というのは、都会風のカッコをつけた、という意味です。山本常朝は九州の佐賀藩士なので、「都会の武士道はオレの生き方ではない」と言っているわけです。

人間には、死んだ結果を考える能力はありません。「この死に方は良かった、悪かった」と判断することは、神様以外にはできない、ということです。

良い死に方をしようと思ったら、あれこれ迷って絶対に死ぬことなどできません。ましてや、成果を出す死に方など追求していたら、生命の燃焼なんてできません。

山本常朝は、自分の信念に基づいて死ねるのなら、犬死にであろうが何だろうが、それでよい、と考えていました。私はこの点に、非常に共感しています。

信念を貫き、自分として一生懸命やれば、出世できなかろうが、儲からなかろうが、そんなことはどっちでもいいのです。出世や儲けを考えること自体がダメなのです。

平社員で一生を終える運命であるなら、その運命を一生懸命に遂行すればよい。「損な生き方だ」と思うかもしれませんが、葉隠流に言えば、その考え方がもう上方風の格好つけ武士道なのです。

西郷隆盛に仕えた使用人に、永田熊吉という人物がいました。熊吉は、一生、ただ西郷家のために尽くしています。教養はなく、一生涯、使用人として人生を送りましたが、熊吉は、下働きの使用人であることが自分の誇りだと周囲に話していました。

彼は、決して出世することはなかった。見方によっては、損な生き方だったかもしれません。しかし、熊吉のやったことこそ、武士道の貫徹です。自分の使命を貫いたという意味では、非常に立派な人生です。

熊吉の人生を「くだらない一生だ」と言う人はいないでしょう。平社員だって同じです。体当たりで仕事にぶつかり、平社員として使命をまっとうしたなら、武士道を貫徹したすばらしい生き方です。

ただ生命を燃焼させ、生ききるだけ。死んだ後に他人が何と言おうが、そんなのはどうでもいいことです。魏徴（ぎちょう）の詩ではないですが、「人生意気に感ず、巧名誰（たれ）か復（また）論ぜん」です。

第四戒　毎朝毎夕（まいちょうまいゆう）、改めては死に改めては死ぬ。

「死」は、毎日思わない限り、何の意味もない、たまに思うのではダメだ、ということです。

「死」とは、永遠とつながるということです。武士道では、それこそが成功であり、憧れなのです。だから、毎朝毎夕、自分に思い知らせるように念じる必要があると、山本常朝は言っています。

出世したい、金持ちになりたい、金メダルを取りたい。これらは全部欲望です。憧れではない。私が言う憧れとは、自分の宇宙的使命に向かう気持ちのことです。

毎朝毎夕、「死」を思うというのは、第一戒の「武士道といふは、死ぬ事と見附けたり。」と似ています。第一戒が「死と向き合う生き方」なら、第四戒は「死という憧れに向かう」という日々の気持ちです。

自分の命を永遠につなげるとは、生命を超越的なものにする、ということです。これを実現するには、毎日毎日憧れに思いを馳せなければならない。なぜなら、憧れは目に見えないからです。人はどうしても、目に見えるものに圧倒されてしまう。見えないものを意識するために、毎日思うのです。

事業や経営における憧れは、初心です。経営者であれば、創業の志や理念がそれに当たります。これを朝夕思い、直面しない限りは、必ず現世というものに流されます。

つまり、**初心と向き合うとは、「死ぬこと」と同じ**なのです。大学に合格したときの喜び、入社したときの希望、結婚したときのうれしさ、これらと直面するには、現世では死なない限り無理だからです。

初心を「思い出」として思い返すのではなく、いまの自分が初心そのものになる。これは、現在の自分が死ななければ実現できません。自分の魂と精神が、初心に向かって現在から離れる。これは日々の小さな「死」にほかなりません。

「改めては死に改めては死ぬ」とは、今日ここでいったん死ぬ、ということです。いまという時間を捨ててタイムスリップするという感覚です。現世をシャットアウトして憧れに向かう。これが第四戒の意味するところです。

第五戒　恋の至極は、忍ぶ恋と見立て申し候。

恋には、さまざまな形があります。男女の恋もそうだし、生き方への恋もそう。それらを大きくまとめるとすれば、「憧れ」という言葉になります。

「憧れ」は、絶対に手の届かないものです。手の届くものはすべて欲望に変化するので、「憧れ」にはなり得ません。だから、本物の恋というのは、絶対に成就することはありません。

男女の恋で言うのなら、成就する恋は、本物の恋ではありません。手に入るものだからです。恋という名を借りた欲望に過ぎません。「好きな人と結ばれて幸福になりました」というのは、実は恋ではなく、欲望なのです。

恋をすると、相手を知りたくなるし、結ばれたくもなります。でも、手に入れることは永遠にできない。そこに苦しみが生まれます。そういうものが忍ぶ恋です。

たとえ結婚した相手であっても、本当の愛を得られるかどうかは、死ぬまで分かりません。いや、死んでも分からないでしょう。つまり、絶対に手に入れることができない、そこに挑戦するのが愛であり、忍ぶ恋です。

忍ぶ恋には、苦悩しかありません。なぜなら、手に入れたいのに手に入らないからです。憧れて憧れて、手に入らなくて苦しむ。それが忍ぶ恋であり、本当の愛なのです。

騎士道では、騎士の資格を与えられる叙任式のとき、憧れの女性を一人選んで、その人に誓いを立てます。選ぶのは、すでに結婚していたり、自分とは絶対に結ばれることのない女性。その女性のために命を捨てることを誓うのです。

なぜそんな女性を選ぶのか。それは、命をかけるべき対象が欲望に変化してはまずいからです。欲望とは、自分の生命を殺すものです。だから、永遠に憧れの存在である「絶対に結ばれない女性」を選ぶのです。

私は、忍ぶ恋があるかないかで、武士道を貫徹できるかどうかが決まると思います。憧れに向かって信念を貫くには、永遠に向かう覚悟が必要なのです。

私は七〇歳のこの年になって尽々と思います。生命を燃焼させるには、忍ぶ恋が最も重要ではないかと。

第六戒　一生忍んで、思い死にする事こそ恋の本意なれ。

忍ぶ恋は、口に出した瞬間に終わります。口に出したり、誰かに伝えたりしたら、その時点で、忍んではいないことになります。他人には絶対に言わないから、忍ぶ恋なのです。

その人にとっての忍ぶ恋が何だったのか、これは永遠に誰にも分かりません。分かっているのは本人だけです。

恋というのは、自分の魂の問題です。だから、そもそも誰かに分かってもらうものではありません。「口に出さなければ分からない」なんて言いますが、心に秘めた忍ぶ恋は、他人に理解してもらう必要などまったくありません。考えを理解してもらうのとは、まったく次元が違う話なのです。

「愛」もそうです。愛する思いを口に出せない感覚は、日本人なら少なからずあるのではないでしょうか。愛していると言った瞬間、嘘になる、という感覚です。

私は、自分の母親のことが死ぬほど好きでした。それを母に伝えなければと、ずっと思っていたのですが、八八歳で亡くなるまで、ついに言えませんでした。

母への愛は、言葉にできないくらい大きくて深いものでした。言葉に出すと、それが軽いものになってしまう気がして、言えなかったのです。

母も同じだったと思います。私に対して、愛しているなんてことは、ひと言も言いませんでした。お互いに、忍んでいたのです。

一生誰にも言わず、誰にも分かってもらえず、胸に秘めたまま死んでいく。それだけ重みがあり、表現し尽くせないものが愛であり、本当の恋なのです。

第七戒　本気にては大業はならず、気違ひになりて死に狂ひするまでなり。

本気だというだけでは、大業は成し得ない、死ぬ気で当たらなければ何もできない、という意味です。

「死に狂い」という言葉は、山本常朝の中心思想です。人に「気違い」と思われるくらい、命がけで体当たりすることを、「死に狂い」と表現しているのです。

「本気です！」と勢いよく言う場面をよく見かけますが、本気とは、意識でいうと顕在意識です。つまり、頭で考えたことです。

しかし、生命や魂というのは、頭で考えるものとは違います。無意識です。そして、生命をまっとうするとは、宇宙と一体になって自分の命の尊さを認識し、そこに向かって突進し、体当たりすることです。

これをやると、まわりの目には「気違い」としか映りません。なんでそこまでやるの？　おかしいんじゃない？　と思われます。でも、それが本当の体当たりです。「本気」と「死に狂い」の違いは、そこにあります。

私は周囲の人から、変人扱いされたり、気違い扱いされたりしています。それは、「死に狂い」を実践しているからです。しかし、まだまだ足りない。全世界の人に「気違いだ」と言われなければダメだと思っています。

「死に狂い」とは、生命ごと、魂ごとぶつかるということ。それができてこそ、大業を成し得ることができます。山本常朝が考える大業とは、生命の完全燃焼です。これをまっとうすることは、社長になることよりも、総理大臣になることよりも尊いことなのです。

第八戒　不仕合（ふしあわ）せの時、草臥（くたぶ）るる者は益（やく）に立たざるなり。

「草臥るる」は「くたぶるる」と読みます。不幸せのときこそが、人間の生命の価値が問われているときなのです。だから、不幸せになってがっくり落ち込んでしまうようではダメだ、ということです。

不幸に向かって体当たりをする。それが生命の燃焼です。**不幸に押しつぶされてしまう人は、生命を燃やすことができない弱い人間**だということです。

ところが、現代の文明では、押しつぶされてしまう人を中心にすえています。押しつぶされるのも弱いのも、すべては本人の責任なのですが、そうではなく、社会の中心にすえて社会の問題だとしています。

要するに、ダメな人間が真ん中に座っているのです。そんな文明は、もう滅びるしかありません。不幸を跳ね返し、立ち上がった人間が中心にいる文明だからこそ、発展するのです。人類はそうやって発展してきました。

いじめを例にすると、よく分かるでしょう。いじめの問題は、いまに始まったことではなく、はるか昔から存在していました。しかし、どんなにいじめに遭おうが、それをくぐり抜け、立ち上がった人間がたくさんいた。むしろ、いじめに押しつぶされる人のほうがまれでした。

それなのに、いまは押しつぶされる人に焦点を当てています。なぜそんなことをするのか。答えは、そのほうが経済的に繁栄するからです。

強い者を応援するより、弱い者を応援したほうが、経済的には有利なのです。なぜなら、弱い者は多くまた手がかかり、そこに経済が発生するからです。

弱者救済は、人助けや優しさから出てきているものではありません。私は、一部の人間の利益のために生まれてきた思想だと捉えています。

弱者中心の人類が、これ以上発展するはずはありません。だから、弱者になってはいけないのです。

少なくとも自分は弱者になるな。不幸せに対して生命を燃やし尽くせる人間であれ。この言葉には、そんなメッセージが込められていると思っています。

第九戒　必死の観念、一日仕切(しき)りなるべし。

人生というのは、死に向かっているものだ。だから、どこで死んでもいいという観念を毎日持って生きなければ、一日も「本物の日」と呼べる日はない。そういうことを表しています。

簡単に言えば、やりきるということです。やりきるとは、生命をその日その日で燃やし尽くすということです。生命論的に言うと「やりきって死ぬ」ということです。

明日のことを考えず、今日一日を必死と定めて生きる。これは宗教でも言われていることです。キリスト教では、明日のことを思い煩うことなく、日々自分の生命と対面しなさい、と説いています。第九戒と同じことを言っています。

今日できる最善を成すことが、必死で生きることです。明日のことを考えず、全力投球する。明日を考えないということは、今日死ぬということです。

「必死」というのは、武士道特有の言葉遣いですが、要するに、それくらいやりきれ、ということです。

第十戒　同じ人間が、誰に劣り申すべきや。

武士道が問題にしているのは、身分でもなければ成果でもありません。生命、魂です。そういう意味では、武士道は真の平等思想なのです。

武士道のもとでは、足軽も将軍もありません。将軍ですら、武士道にもとる生き方をすれば「あいつはバカで卑怯で情けない」と言われます。反対に、足軽であっても、武士道に則った生き方をすれば「あの人はすばらしい武士だ」と賞賛されます。

われわれの本体は、生命であり魂です。そこにおいては、全員が平等です。肉体や物質に関わるものをすべて忘れて、本当に平等である魂で勝負せよ。そういうことなのです。

世の中には、病弱な人もいれば、短命の人もいる。では、元気で長生きする人だけがすばらしいのかといえば、そうではありません。病弱な人には、その人にしかできないすばらしい人生があります。短命の人もそうです。

武士道で問うているのは、本物の人生を送ることができるか、生命を燃焼する生き方ができるか、ということです。長寿も出世も財産の有無も、一切問うていません。

生命を燃焼し尽くして生きているのなら、歴史上のどんな偉大な人物にも劣ることはありません。私自身、誰にも劣っていないと思っています。偉大な人物ができた生き方であれば、私にも絶対にできます。

家柄がどうだ、収入がどうだなんて言っている人に、武士道の貫徹はできないと、山本常朝は言っています。**人間に優劣なんてない。魂の存在として、生命を最後の最後まで燃やし尽くすことを、武士道では問うている**のです。

武士道的な生き方をしている人は、みんな良い人生を送っています。経営や事業で成功している人も多い。成功しようと思ってそうなっているのではなく、生命を完全燃焼する生き方をした結果、そうなっています。

お金を持っているから、良い人生を送れるのではない。自信や才能を持っているから、信念を貫けるのではない。人間の生き方とは、魂の問題なのです。誰に劣るものでもありません。

武士道は、日本文化の偉大な背骨です。人類の文明の中でもっとも揺るがない、一番崇高なものだと思います。

私はたまたま、小学一年という幼さで『葉隠』と出会い、武士道を知りました。しかし、死ぬ直前に出会っても、それだけの価値があります。それぞれの人の「運命」に合っている出会いが最も尊いのです。

文化とは、精神です。その尊さに、早死も長生きもありません。今日、武士道に出会えたのなら、それが出会いです。それがその人の、まさに「運命」なのです。

おわりに

私がこれまでに書いてきた本は、どちらかと言えば哲学的で、重い表現が多かったと思います。読者の多くは読書人や経営者層。また人生経験を積んできた方々が多くを占めていました。

しかし、今回の本は、そうした今までの本とは少し味わいが違います。私の本を読み続けてくれている愛読者の方々は、「これは本当に執行草舟の本か」と、違和感すら抱くかもしれません。

それもそのはず。この書籍は、あまり読書の習慣を持たないまま社会人となって、組織や世の中の戦力として戦ってきた「二〇代〜四〇代のビジネスパーソン」に向け、表現をかなり読み易くしたものだからです。

なぜ、この方々に目を向けたのか。そのきっかけとなったのが、一話一〇分で学ぶ教養動画メディア「テンミニッツＴＶ」です。ここでは「よりよく生きる知の力」を身につけることをコンセプトに、大学教授、文学者、作家など、その道の一線にいる知識人が、政治や経済から文化や教育まで、あらゆるテーマでオンライン講義を行っています。

私もまた、講師の一人として、数多くの講義をしています。ぜひご覧ください（https://10mtv.jp/）。この「テンミニッツTV」で、私が武士道を軸とした生き方論を語っているのを、本書の版元であるビジネス社の編集部 中澤直樹部長が視聴してくれたのです。

「語り口が分かりやすく、とても歯切れが良い。何より心に響く」

講義を見た中澤部長は、そう思ったそうです。武士道を知らない自分にも、武士道の真髄が分かった。だから、武士道に馴染みの薄い二〇代～四〇代にもきっと届くはずだ。そんな思いから、この本を企画したと聞いています。

中澤部長から「武士道に馴染みのない若い層に向けた武士道の本を出したい。執行さんの語り口やキレ味はそのままに臨場感を出し、武士道の生き方や考え方をやさしく伝えたい」と打診されたとき、それはなかなか面白いと思いました。まず、やったことがない。私の本の読者層の中でも特に若い層の皆さんに、武士道の生き方を届けるわけですから、私にとってはまさに「前代未聞の経験」でした。

本を出すにあたり、乗り越えなければならない課題はありました。若手のビジネスパーソンに身に引きつけて読んでもらうためには、難しい哲学理論ではダメ。「自分ごと」だと感じてもらうためには、何が必要か。そこで出てきたアイデアが、ビジネスパーソンが抱える「悩み」に対し、武士道の観点から答えるという「一問一答」方式です。

武士道は、人間としての、特に日本人としての生き方の根本を語ったものです。だから、日本人のあらゆる悩みに回答できる。私はそう思っています。

武士が日常に生きていた時代から数百年が経ち、世の中はどんどん生きづらくなっています。だが、生きなくてはならない。ならば、どう生きるのか。それは、あなた自身にしか決められません。

悩み多き現代のビジネスパーソンが、この本から「自分の人生を創るためのヒント」を得られることを願っています。それを成し得ることができたのなら、この本は成功です。

最後になりますが、以上のようなことでこの本はビジネス社の編集部 中澤直樹部長の企画立案と「テンミニッツTV」（イマジニア株式会社）の川上達史編集長の全面的な御協力によって出来上がったものなのです。ここにお二人に対して深く敬意を表し、御礼申し上げます。

執行草舟

［著者略歴］

執行草舟（しぎょう・そうしゅう）

昭和25（1950）年、東京生まれ。立教大学法学部卒業。実業家、著述家、歌人。独自の生命論に基づく生き方を提唱・実践。また美術事業も展開し、執行草舟コレクション主宰、戸嶋靖昌美術館館長を務める。日本菌学会終身会員。主な著書に、『生くる』『友よ』『根源へ』『脱人間論』（以上、講談社）、『孤高のリアリズム』『生命の理念』（以上、講談社エディトリアル）、『「憧れ」の思想』『おゝポポイ！』『現代の考察』『悲願へ』（以上、PHP研究所）など。
執行草舟公式Webサイト http://www.shigyo-sosyu.jp

成功に価値は無い！

2021年8月15日　　第1刷発行

著　者　執行 草舟
発行者　唐津 隆
発行所　株式会社ビジネス社
〒162-0805　東京都新宿区矢来町114番地 神楽坂高橋ビル5F
電話　03(5227)1602　FAX　03(5227)1603
http://www.business-sha.co.jp

〈装幀〉齋藤稔（株式会社ジーラム）
〈本文組版〉朝日メディアインターナショナル株式会社
〈印刷・製本〉中央精版印刷株式会社
〈営業担当〉山口健志
〈編集担当〉中澤直樹

ISBN978-4-8284-2313-5

ビジネス社の本

eBayで100万円稼ぐ！ネット個人輸出の成功マニュアル

志村康善……著

定価　1760円（税込）
ISBN978-4-8284-2262-6

ファッション・ブランド、スニーカー、アニメ・キャラクターのフィギュア、レコード・CD、カメラ——

安く仕入れた日本製品が、海外で2倍の値段で売れる！「副業」は、趣味を生かして儲けよう！

スマホやPCがあれば、いつでも、どこでも簡単に。中学校レベルの英語力で、操作ができる。プロ出品者の「マル秘テクニック」を、こっそり教えます。すぐに使えるノウハウが満載！

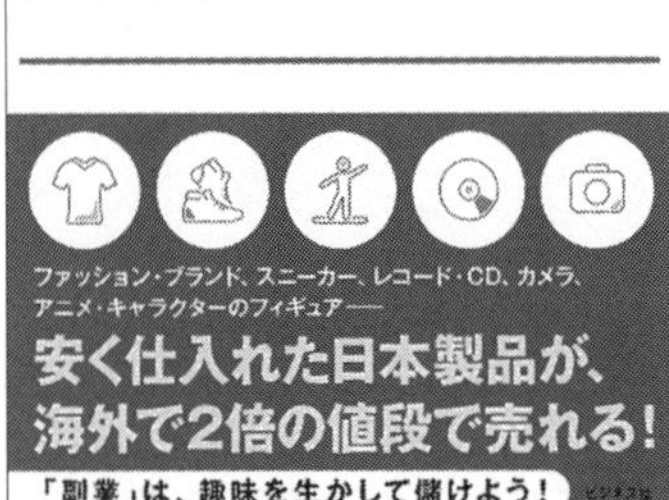

本書の内容

第1章　魅力あふれる「ネット個人輸出」の世界
第2章　世界から求められる日本の品々
第3章　アマゾンvsメルカリvsヤフオクvseBay
第4章　私の実践！　とっておきの商品仕入れ術
第5章　ネット個人輸出のリアル販売ノウハウ
第6章　失敗しないために！　成功者だけが知っているマル秘・豆知識